第三帝国

扭曲的梦想

美国时代生活编辑部 / 编

洪　钧 / 译

修订本

海南出版社
·海口·

目　录

附　文

致读者

首先应当承认，本书的策划并非出自我本人的想法。

事实上，当一小批时代生活图书公司的编辑和作者开始极力主张推出这样一个系列的时候，我的第一反应是："有关第三帝国的话题难道还能有什么新意吗？"

可是，当前往柏林、华盛顿和莫斯科的采访人员逐步发回他们的稿件——私人珍藏的回忆录和相册堆满了我的办公桌——目击者的记录和官方秘藏的文件被一一发掘出来之后，我觉得我的疑问已经找到了最好的答案。

我们正在接近一项重大的成果：对纳粹统治下的德国的一个全新的认识——从第三帝国的内部来解剖它。

本系列共有 21 本。每一本都向您展示了第一手的私人记录、从未发表过的照片、亲历者的回忆录和新解密的官方档案。它们恰如一幅徐徐展开的巨型画卷，将您带回那腥风血雨的黑暗时代，让您仿佛置身于喧嚣狂热的柏林、遍地瓦砾的华沙、燃烧的斯大林格勒、沙尘滚滚的北非，恍如走进了令人不寒而栗的集中营、党卫队的秘密会议室、希特勒的办公室、他的书房和卧室，甚至把握到他的思想动态。每一本都有一个中心主题，整个系列连起来则构成了迄今为止最完整、最细致的"第三帝国史"。

这就是我们所做的工作，让真实的历史说话。

时代生活编辑部主编乔·沃尔

这幅名为"俾斯麦成圣"的寓意性的画作是1898年为哀悼德意志第二帝国的缔造者奥托·冯·俾斯麦亲王而创作的。这幅画描绘了这位首相告别由他联合起来的日耳曼诸部的场景，他被日耳曼神话中的女武神带入了瓦尔哈拉殿堂（供奉阵亡战士的英灵殿）。在左边，日耳曼尼亚怀抱皇冠，两侧飘扬着普鲁士旗帜，还有霍亨索伦家族的盾徽和撒克逊盾。她脚下被铁索拴住的龙代表被俾斯麦战胜的邪恶力量。

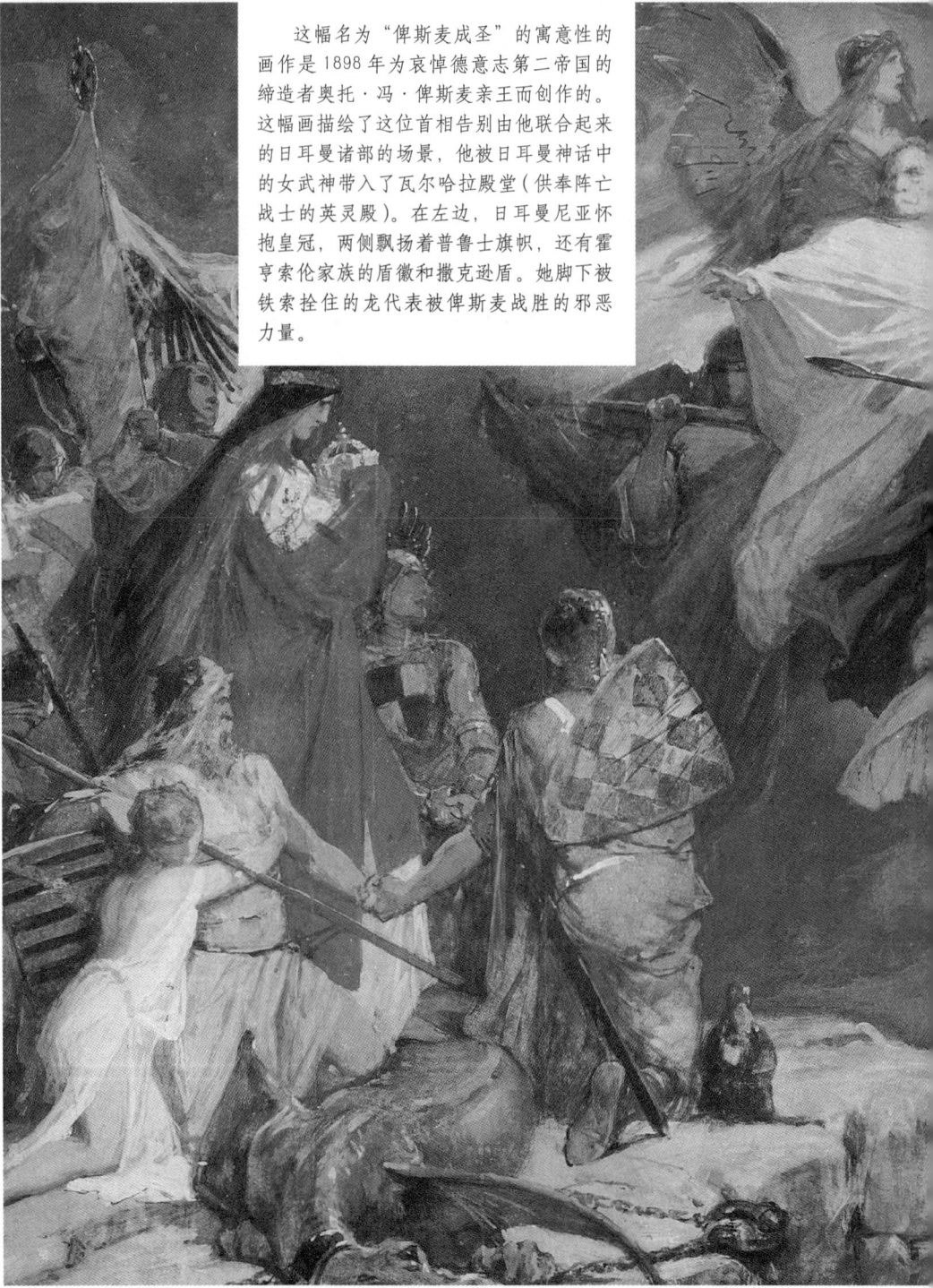

1. 噩梦的征兆

1834 年，当支离破碎的德国还处在奥地利首相克莱门斯·冯·梅特涅亲王统治下时，伟大的抒情诗人海因里希·海涅写下了一篇末日预言。他强烈反对本国民族主义者的种族差别论，那些人坚持认为，作为一种神秘精神的独特的德意志文化比西方文明拥有更为深厚的力量，并且具有纯正德意志血统的人命中注定将要统治这个世界。海涅预见到将来的某一天，这些理论所引发的革命暴力将"迸发出来，使整个世界陷入恐怖与惊骇之中"。诗人预测说，当那可怕的一刻来临时，古条顿人的"战争疯狂"将被再次唤醒，"日耳曼泛神论恶魔般的力量"将湮没基督教精神——自公元 772 年查理曼大帝为最后一个异教的撒克逊人部落施洗以来，基督教就一直统治着他的同胞。

"如果制胜的护符——十字架——折断，"海涅断言道，"古代北欧传说中狂暴战士们那种充满野性的疯狂将怒涛般涌现。而那护符是如此的脆弱，终有一天，它将可悲地折断。古老的石制神像将从被遗忘已久的废墟中站起，擦去眼中千年的尘土；雷神托尔将一跃而起挥动他的巨锤，将一座座哥特式大教堂砸个粉碎！"

99 年后，随着阿道夫·希特勒的出现，海涅那可

穿着华丽的禁卫军制服的威廉二世继承了霍亨索伦家族对盛装的爱好。在他成为德意志第二帝国的皇帝的头 16 年里，其卫队的制服被修改了 37 次。

怕的预言变成了现实。1933 年，当希特勒夺得政权后，他狂傲地宣称："是的，我们是野蛮人！我们就是要做野蛮人！这是个光荣的称号，我们要让世界焕然一新。"对希特勒来说，野蛮是所有文化的根基，是能取代濒死文明的唯一力量，就像原始的日耳曼部落用战斧消灭衰弱的罗马帝国一样。所以同样地，他也将摧毁堕落的西方现代文明。通过把自己塑造成日耳曼神话与普鲁士军事效率（即约瑟夫·戈培尔所谓的钢铁浪漫主义，火与冰的结合）的英雄，希特勒将他的第三帝国描绘成一个伟大历史延续体的一部分。

在德国，国家社会主义——希特勒及其追随者们的信条，并不比任何其他政治意识形态更加不可避免，但它也并非是个被强行嫁接的奇怪植入物。纳粹们把他们政治上的成功归因于在凡尔赛签署的所谓"耻辱和约"强加给德国的屈辱性和平条款。不过其他人，比如德国小说家、诺贝尔奖获得者托马斯·曼却有不同的看法。1940 年流亡美国时，托马斯·曼宣称："希特勒这样一个可憎人物的出现并非偶然。某些心理上的先决条件令他成为了可能，而这些先决条件必须到比通货膨胀、失业、资本主义投机和政治阴谋更深层的地方去寻找。"

在珍珠港事件之前的美国，这样的言论常被理解为反德的好战言论。难道德国没有通过歌德和席勒、巴赫和贝多芬等才俊的作品丰富人类的知识和精神遗产吗？但是希特勒却抛弃了德国的人道主义和自由主义的传统，诉诸的是日耳曼思想中黑暗的一面——古老的扩张梦想、种族优越感、国家至上和赞颂战争的信念。

第一帝国被称为德意志民族的神圣罗马帝国，是继承查理曼帝国的政治实体，始于公元962年日耳曼国王奥托一世的加冕仪式。其宣称的目标是使整个基督教世界统一在共同的世俗和教会的权威之下：教皇在精神事务中担任基督的代理人，而皇帝则负责处理世俗上的一切事物。但是事情并未如其所愿地发展。当欧洲其他国家的君主政体已经建立了王朝式的民族国家时，德国仍是一个分裂的、半封建的落后国家。当拿破仑在1806年以武力结束了神圣罗马帝国时，日耳曼的地图——确切地说是日耳曼"们"的地图就像一张百衲布被单，上面有不少于314个州和1475个庄园，其中一些几乎只有一座城堡和一条护城河，但每个有自己的军队、官僚机构、货币和法庭。

12世纪中叶，帝国处于腓特烈一世的统治之下。因长期与意大利人作战，他被意大利人称为巴巴罗萨，或红胡子。1190年，巴巴罗萨带领德国特遣队参加第三次十字军东征，全副武装涉水而过，却落入河内淹死了。但是在浪漫的民间传说中，巴巴罗萨是永生的。他沉睡于一座高山的神秘洞穴内，他的骑士们守卫着他安睡的石桌，他的胡子仍在生长，并将石桌缠绕起来。尽管处于睡眠中，但他仍是德国的守护人。根据这个故事

腓特烈·巴巴罗萨让一代又一代德国人忆起第一帝国的辉煌。根据传说，他从未死去，并将在某一天归来，领导德国进入一个新的黄金时代。

的一个版本，在德国最需要的时候，乌鸦会唤醒这位勇士之王，他将抖落几个世纪的沉睡身上积累的蜘蛛网，出来拯救他的子民。

正当此传说随着时间的消逝逐渐模糊起来时，它又在一些人的思想中重新滋长蔓延。19世纪90年代，这位中世纪帝王的一座大理石雕像在他可能藏身的图林根州的基夫豪瑟山中被竖立起来。德国的学童们沉浸于他的传说中，争相前往参观。民族主义作曲家理查德·瓦格纳将其视为齐格弗里德（他的四部曲歌剧《尼伯龙根的指环》中的北欧神话英雄）的精神化身。阿道夫·希特勒不喜欢将巴巴罗萨的洞穴设想为在图林根州，而偏向于在他心爱的巴伐利亚阿尔卑斯山，靠近他在贝希特斯加登的山间度假地。当纳粹德国面临其最大的军事考验——入侵苏联时，希特勒这位集体心理暗示大师召唤了古老神话的力量来激励他的士兵们：他将攻击计划的原定名"弗里茨"改成了"巴巴罗萨"。

巴巴罗萨死后不久，一队德国的十字军战士在巴勒斯坦建立了一个宗教团体，后来成了传奇故事的素材——条顿骑士团"。作为对清苦、禁欲和服从的修道誓言的回报，每个骑士都被授予一把剑、一片面包和一件旧衣服。19世纪广受欢迎的普鲁士历史学家海因里希·冯·特赖奇克写道："即使在今天，我们仍可看到教团的规则、法律和习俗所展示出的支配与利用人类的艺术是多么发达。在这可怕的训诫之下，在一个教团总是显示其庄严显赫、个人则渺小而无关紧要的世界中，无私的奉献精神便培养成了。"

1226 年，条顿骑士团迁至波罗的海附近的欧洲东北部，并发动了一场血腥的圣战以迫使当地人加入基督教。在几乎将当地人完全消灭后，骑士团建立起了行使政府职能的机构，并开始用日耳曼人重新填充该地区。大约 300 年后，教团领袖——勃兰登堡的阿尔伯特皈依路德派，并使这一地区成为世俗性的公国。作为条顿骑士团宗教生活一部分的严格的纪律守则被转变为为国家服务，这些守则在骑士团消亡后依然留存，构成了普鲁士军官团的基础。

马丁·路德本人也留下了一些不宽容的有害遗产。阿道夫·希特勒将这位 16 世纪卓越的宗教领袖视作崇拜的英雄之一。吸引希特勒的并非路德的宗教改革，而是他的沙文主义，以及他所坚持的对国家的绝对服从和对犹太人的鄙视。纳粹们恶意地强调路德的这一面，并将这位伟大的教士变成他们的偶像之一。1937 年，纳粹理论家阿尔弗雷德·罗森堡在指责路德宗的阁僚未对国家社会主义显示出足够的热诚时断言，如果路德仍在世的话，定会成为纳粹党的一员。罗森堡惊人的言论部分是基于路德关于政府的理论。路德引用了《圣经·罗马书》13:1-6，其中写道：人应顺从于世俗的权力，因为这是神的旨意。路德总结说，一个人没有比服从其统治者更大的善行了。他写道："那些坐在办公室里的长官就是坐在了上帝的位置上，他们的裁断就好比上帝在天堂中做出的一样。"

路德对普通民众的不信任增强了他对王公贵族的虔敬，他说："尽管接受了洗礼，名义上是基督徒，但无论是现在还是将来，世界和大众都是不虔诚的。所以若有人敢于用福音来管理一个国家或整个世界的话，那他就像一个牧羊人把狼、狮子、鹰和羊圈在一个栏里，羊会保持和平，但那不会持续很久。世界是不能用念珠来统治的。"

而他也并不只是说说。当再洗礼派（一个实行成人洗礼的教派）开始推动改宗时，路德主张处死他们。同样地，他也毫不同情1524年的农民战争。当数以万计的农奴向他们的世俗统治者提出挑战时，这位伟大的宗教改革者拒绝支持他们。他声称："如果农民们公开叛乱，那他就僭越了上帝的律法。你可以让任何一个人秘密地或公开地去攻击去杀死他，要记住，没有什么比叛乱者更恶毒、更有害、更邪恶。这就像一个人必须杀死一条疯狗，如果你不攻击他，他就会攻击你。"

路德一开始对德国的犹太人没有表露出多少偏见，基于教皇制度的不正当性损害了基督教的吸引力这一理由，他接受犹太人的拒绝皈依。但在实行宗教改革之后，他的容忍便到达了终点。因为这时，犹太人再也没有理由拒绝加入基督教了。他把他们称作"瘟病、鼠疫，我们国家的一个绝对的祸害"。在他的一本名为《犹太人和他们的谎言》的小册子里，他向德国的贵族们提出了一个后来被纳粹在其 1938 年的"水晶之夜"大屠杀中付诸实施的建议："首先，在犹太会堂或学校里放火；第二，我建议把他们的房子也夷为平地。这将让他们深刻认识到他们不是我们国家的主人；第三，我建议拿走他们所有的祷告书和《塔木德经》；第四，我建议禁止他们的拉比传教，违者将付出生命的代价；第五，我建议完全废除犹太人的公路安全通行权，因为他们在农村没有生意；第六，我建议禁止他们放高利贷，并没收他们所有的现金和珠宝；第七，我建议发给青壮犹太男女一把连枷、一把斧子、一把铲子、一根卷线杆或锭子，让他们用自己的汗水养家糊口。"

与新教或天主教两者必有一方占主导的其他欧洲国家不同，宗教改革却使德国因这两种信仰而分裂开来。这种宗教上的分歧在 1618 年引发了一场战争，当时的王公贵族们为谁应该成为下一任神圣罗马帝国皇帝而爆发了争吵。这一职位是选举产生的，自 1438 年起就一直由信奉天主教的奥地利哈布斯堡家族所控制，几乎所有欧洲国家最终都卷入了这场战争。在这之后的 30 年间，整个德国成了一个血腥的屠场，强盗士兵和抢劫团伙横行于城镇和乡间，谋杀、强奸、洗劫、破坏，并传播致命的伤寒和黑死病。

这场苦难直到 1648 年各国在威斯特伐利亚的明斯特和奥斯纳布吕克签订和约之后才宣告结束。所谓的威斯特伐利亚和约彻底破坏了神圣罗马帝国的职能。法国在这一和约中获得了大片土地，包括阿尔萨斯和洛林，并且获得了在莱茵河对岸驻军的权利。而日耳曼诸邦则变得比以往任何时候都更加虚弱和分裂。长年的战争蹂躏了他们的土地，据估计，有多达三分之二的人口死于战乱。

德国作家汉斯·冯·格里美豪森写过一部建立在他自己童年生活经历上的流浪汉小说。这部名为《痴儿西木传》的小说将当时许多幸存者的思想感情通过主人公的声音表达了出来。在农场被劫掠之后，主人公西木加入了一伙强盗士兵团队，支撑着他的唯一梦想就是：有一天，一位日耳曼的英雄将建立一个强大的帝国。这位伟大的领袖会慷慨地允许具有日耳曼血统的英国、瑞典、丹麦的君主们保留他们的领土，作为德国的封地。但他将扫荡其他所有的欧洲国家以作为报复。这个幻想中的帝国的首都将是一座辉煌的新城市——日耳曼尼亚。到之后的一个世纪，美梦部分成真。通过霍亨索伦家族的努力，勃兰登堡和普鲁士两个小邦联合了起来，并蜕变为一个欧洲大国。

其实，在"三十年战争"最终结束前，勃兰登堡的腓特烈·威廉（作为神圣罗马帝国皇帝的选择者之一，被称为"大选帝侯"），就已经丧失了通过外交手段来解决争端的信心。为了确保霍亨索伦家族的统治权，他决心建立一支强有力的军事力量。在数十年后，他将军队从一群乌合之众的佣兵改组成一支 3 万人的精英力量。与此同时，他还建立了与之相对应的政府机构来协调军队的日常供给。为了得到控制着农奴人口的贵族地主亦即"容克"们的支持，他将他们的大片土地从作为服务交换而由国王授予的临时封地，转变为由贵族绝对统治的私人地产。

代表们在 1648 年签署了结束"三十年战争"的协议之一：《明斯特和约》。这一和约承认了德意志诸邦的主权，以及王公们为自己和臣民在新教和天主教之间做出选择的权利。

到 1688 年去世时，这位大选帝侯已经赢得了建立了一种对秩序和纪律的崇拜，这将成为他祖国的代名词。1701 年，他的儿子——腓特烈一世在波罗的海的海港城市柯尼斯堡建立了普鲁士王国。但是直到 1713 年他

的孙子腓特烈·威廉一世登基之后，大选帝侯对一个完全军事化的社会的设想才得以完全成形。

这位非凡的统治者将其所有可观的精力都投入到了实现祖父的梦想上。为了贯彻他的名言"救赎是上帝的事，其他一切都属于我"，腓特烈·威廉一世规定所有臣民都必须服兵役。他写了一套全面的步兵条例，着重强调了无休止的操练，他还使官僚机构变得更为集中、顺从。他迫使他的士兵们宣誓效忠王权制度，"当一个人向国旗宣誓时，他就将他所有的东西，包括他的生命，完全交给了君主"。普鲁士人称他为士兵王，而两个世纪后，奥斯瓦尔德·斯宾格勒称他为第一个国家社会主义者。

腓特烈·威廉一世从普鲁士的贵族中招募军官，很快，几乎每一个容克家庭都至少有一个儿子在军校学习或在军官团服役。农村的贵族是构成部队主体的农民的孩子们的天然领袖——传统的领主－农奴关系直接延续到了军队中。

虽然普鲁士的人口数量在欧洲仅位列第十三，但其83000人的军队却排在欧洲大陆的第四位，其军费开支更是国内其他政府部门的5倍。不过，尽管腓特烈·威廉一世热爱军事，他仍只是把他训练有素的士兵看作纯粹的防卫力量。

不过，腓特烈·威廉一世天赋异禀的儿子腓特烈二世则不然，他的军事天才为他赢得了"腓特烈大帝"

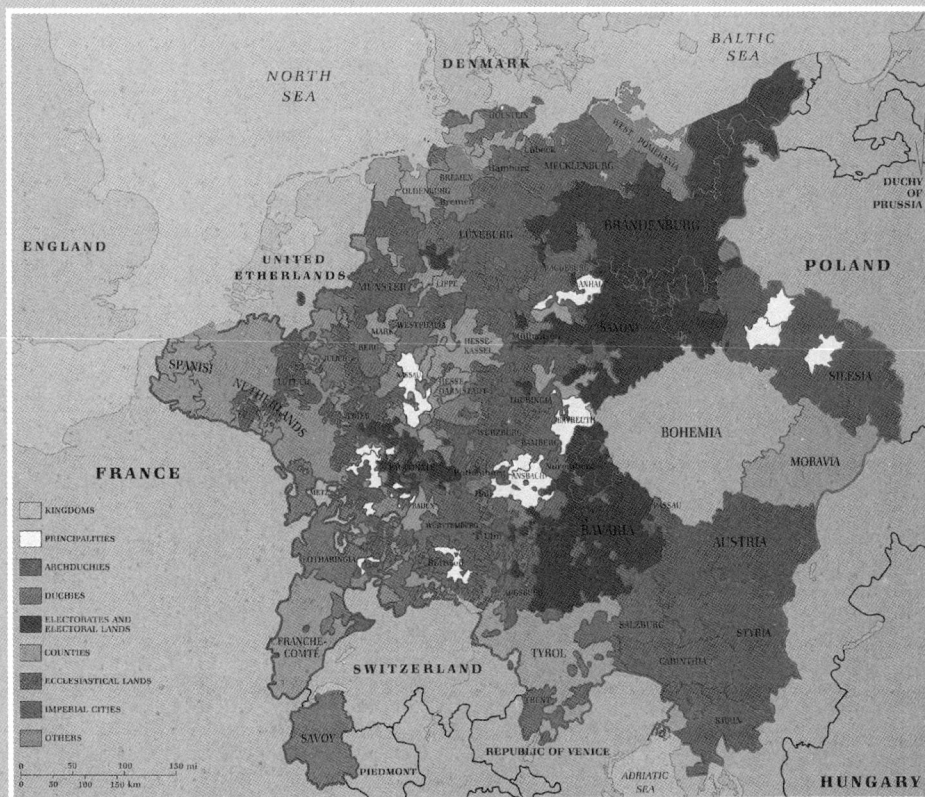

在17世纪中叶，德国地图就像一块块碎片拼凑起来的马赛克图案。尽管1648年的威斯特伐利亚和约结束了破坏性的"三十年战争"，但旨在平息宗教和政治冲突的和约未能使构成神圣罗马帝国的各个王国、封地、公国、选区、教区和城邦统一起来。那些信仰新教的诸侯在赢得了其领地的主权后，戏称信仰天主教的哈布斯堡皇室和帝国议会为"一把没有刀柄的钝刀"。

这张1901年庆祝普鲁士王国建国200周年的海报上画着霍亨索伦王朝的9位君主，从戴着假发的腓特烈一世（左上）开始，到威廉二世（中下）结束。腓特烈大帝，家族最杰出的成员，在腓特烈一世的左下。

霍亨索伦城堡坐落在南德意志乡间，高1000英尺。这座修建于15世纪的城堡位于斯瓦比亚阿尔卑斯山的内卡河流域。腓特烈大帝的遗体就安葬在城堡的墙体里。

的称号。他曾说："没有武器的谈判就像没有乐器的音乐。"在执政的46年里，他始终奉守此信条，发动了一系列的战争和吞并行动，使普鲁士一跃成为欧洲大陆的主要强国之一。

1740年即位后，腓特烈二世撕毁了其父亲对奥地利统治者玛丽娅·特蕾莎做出的不侵犯承诺，对哈布斯堡的西里西亚省发动了突然袭击。"西里西亚的暴行"导致了普鲁士与奥地利之间长达8年的战争，并在此之后转化为普鲁士与由奥地利、法国、俄国、瑞典、西班牙等国组成的联盟之间的"七年战争"。归功于腓特烈二世卓越的指挥才干，普鲁士变得比以往更为强大了。

腓特烈大帝的目标是要让普鲁士政府"像一套哲

学体系一样具有条理性，使经济、政治、军队协调一致地为同一目的服务：国家的巩固和强盛"。尽管他把自己说成仅仅是这个全能的国家的第一公仆，但他的统治手腕是如此独断专行，以至于手下的大臣们与档案管理员并无多大的差别。这个系统运作得太好，为后世的普鲁士人留下了一笔遗产，即最好的政府就是一个独裁的政府。容克控制的军官团体现出了普鲁士人的特点。他们那可以追溯至条顿骑士团的荣誉感和责任感使这些固执的贵族在任何困难面前都毫不畏缩。法国政治家米拉波伯爵奥诺雷半开玩笑地评论道："与其说普鲁士是一个拥有军队的国家，不如说它是一支拥有国家的军队。"

腓特烈大帝不仅是一名成功的军人，同时也是一位技艺娴熟的横笛手，一位哲理诗人，以及忠实的艺术赞助人。这种军事能力与艺术才能的非同寻常的结合深深地吸引了阿道夫·希特勒，他认为自己拥有同样的品质。在二战时期那暗无天日的生活中，希特勒靠阅读腓特烈在"七年战争"中所面对的困难来安慰自己。希特勒臆想着他和这位普鲁士伟大的领袖拥有相同的生理和心理特征——一样清澈的蓝眼睛，同样大小的手，相同形状的头骨，当然，还有对犹太人同样的憎恶。希特勒对他是那样地着迷，他买了一张腓特烈大帝的肖像画，并坚持把它挂在他居住的任何地方，包括他最后的藏身地——柏林元首地堡。

　　但是，腓特烈大帝的独裁国家在没有他的情况下并没有持续多久。1786 年去世时，他没有子女，他的侄子腓特烈·威廉二世继承了王位。在这之后不久，这位新国王便发现他正面对着法国大革命不可遏制的力量。到了 1792 年，法国军队横扫德国，击败了普鲁士的霍亨索伦家族和奥地利的哈布斯堡家族。腓特烈·威廉二世和法国单独签署了和平协议，普鲁士仍维持着自己的独立。但是很快又面临另一个更难以应付的对手——拿破仑·波拿巴。1805 年，拿破仑在奥斯特里茨摧毁了奥地利的军队，并于一年之后又在耶拿击溃了普鲁士人。至此，整个德意志均置于法兰西皇帝的控制之下。

　　拿破仑推翻了濒死的神圣罗马帝国的旧秩序。为了巩固他的领土，他将德意志原有的 300 多个州减少至 30 个左右，并将其中的大部分并入法国。为了平衡普鲁士和奥地利两方势力，拿破仑在德意志南部各州又建立了"第三个德国"，它包括了巴伐利亚、符腾堡、巴登、黑森，最终还有萨克森。莱茵省兰被并入他的帝国，法国军队占领了普鲁士的首都——柏林。尽管很多德国人不情愿地钦佩拿破仑所带来的现代化改革，但他们又憎恨自己的无能。不久，与浪漫主义思想运动有关的德国文人开始宣扬民族主义的新福音。浪漫主义萌芽于法国大革命的平等主义理想。在其他国家，浪漫主义很大程度上局限于文学和艺术领域，而在德国，它却发生了

扭曲的梦想

激烈的政治转折。

这些新思潮的先驱者之一就是柏林大学的校长，哲学家约翰·戈特利布·费希特。他的《对德意志民族的演讲》激发了年轻听众的想象力。他说道，日耳曼人民是一个天选的种族，具有非凡的天赋和特殊的权利来履行其使命，必要时可以诉诸武力。他感染了他的追随者，使他们下定决心要赶走法国人，并将分裂的各地区统一成一个国家。就像小说家格里美豪森笔下虚构的人物，他呼唤一位伟大的领袖，通过从德意志的邻国手中夺取 Lebensraum ——"生存空间"——来建立一个强大的帝国，从而为德国人争得更大的生存空间。

克里斯蒂安·弗里德里希·吕斯——柏林大学的历史学教授也像他的同事一样狂热。他称法国人是一个"邪恶、可憎的种族"，要求禁止在学校和法庭上使用法语。吕斯尤其憎恨《拿破仑法典》，因为它使犹太人和日耳曼人在法律面前享有同等的待遇。相反，他想要强迫所有的德国犹太人带上黄色标识，以便纯种的德国人可以认出这些"希伯来敌人"。

民族主义诗人恩斯特·莫里茨·阿恩特是另一个狂热的仇法反犹分子。在 1810 年发表的一篇演讲中，他呼唤一位"实干家"、一位不是由理性而是由"时代的黑暗力量和对他的人民更黑暗的爱"所引导的领袖人物。他说，德国所需要的，是一个"有能力去消灭整个国家的军事暴君"。

1813 年，一个狂热的民族主义者正对着一群学生演讲，号召志愿者推翻拿破仑。画作上方的肖像画从左至右分别是反法运动的领袖恩斯特·阿恩特、约翰·费希特和弗里德里希·雅恩，他们鼓吹日耳曼民族的种族优越性，并呼唤一位领袖人物来统一德国。

25

阿恩特相信，每一个民族的行为都根源于其过去的历史，由于他所想象出来的日耳曼语言和血统的特殊纯洁性，日耳曼种族比其他种族——例如法国人、西班牙人、意大利人等更为高贵，这些种族都因与其他种族互相通婚而成了"杂种"。他宣称："日耳曼人是世界性的人类，上帝让整个地球成为他们的家。"

和路德一样，阿恩特也将爱国主义与虔诚联系起来。他鼓吹道："信仰的最高形式，就是热烈地爱着自己的祖国，甚过于法律和国王、父亲和母亲、妻子和孩子。"他的充满感情的作品成了学童们的标准读物。他的一首名为《什么是德意志祖国》的爱国歌曲一直是民族主义运动的颂歌，为几代人所传唱，直至被《德意志高于一切》所替代。这首歌号召德国人在世界上所有说德语的地方建立一个庞大的帝国，歌词中写道：在那一天到来之前，德国人不会满足。

新民族主义的另一个普及者是一个名叫弗里德里希·路德维希·雅恩的教师和青年领袖。他出生于普鲁士，并在对霍亨索伦家族的崇敬中长大。约翰相信，普鲁士人可以非常容易地和其他日耳曼人区别开来，因为他们有着非常雄健的走路姿态和刚毅的神情，当然还有他们直率的语言。他声称："就连在玩耍的小孩们都充满了爱国主义精神。他们比其他地方的孩子们玩更多的战斗游戏，而且在游戏中如果有玩伴逃跑的话，他们会说：'那不是真正的普鲁士人。'"1800年与阿恩特会面后，雅恩将他对普鲁士的热情转移到德国人民身上，并将余生大部分精力用在传播民族主义思想上。他的一本名为《德意志民俗》的著作被奉为早期纳粹主义经典。他写道：德国人已变得非常可悲，因为他们已经开始模仿法国人的生活方式。腓特烈大帝建立了一个强大的国家，但是普鲁士却让它崩溃了，因为它没有建立在"Volkstum"的基础之上——这个词是雅恩创造的，用来表达德国人灵魂深处的神秘而有创造性的力量。他还呼唤一位"铁与火铸成的元首"来塑造德国的未来，并声称"德国人民将会把他视为救世主并原谅他所犯下的任何罪行"。

1811 年，雅恩建立了第一个"Turnerschaft"，即体操协会。训练和比赛的目的是为了向人们灌输一种持久的德国意识，并使其成员在精神上和身体上准备好为祖国而战。为了打破阶级差别，他让成员们都穿着统一的灰色衬衫，并用熟悉的"du"或"you"称呼彼此，而不用更为正式的第三人称单数。

正当雅恩和他的民族主义追随者们在德意志地区散播反法仇恨时，拿破仑远征俄国失败。在法兰西帝国大军从莫斯科撤退后，普鲁士的新国王腓特烈·威廉三世终于鼓起勇气同俄国、奥地利、英国结成了反法同盟向法国宣战。这场解放战争是自十字军东征以来，日耳曼诸邦第一次为了共同的目标团结起来。1813 年 10 月，联军在莱比锡集结，拿破仑在这场"民族大会战"中一败涂地。法军的残余部队退过了莱茵河，德国重获自由。

但是，民族主义分子的另一半梦想——统一德意志，仍须等待。获得胜利后的各盟国在日耳曼王公们的支持下召开了旨在拿破仑垮台后重建欧洲的维也纳会议。这次会议结束于 1815 年 6 月，就在拿破仑从厄尔巴岛的流放地逃出，最后一次威胁到欧洲之前。他在滑铁卢被英国和普鲁士军队击败后，维也纳会议上的决定开始生效。这些决定使雅恩感到厌恶。他曾希望团结日耳曼人将侵略者驱逐出德意志领土的那种对法国人的仇恨，也能延续到政治上。好似希特勒的风格，雅恩甚至计划在易北河畔建立一座雄伟的新都城，并将其命名为条顿尼亚。

日耳曼王公们急于保住各自的权力，无意与雅恩的构想有任何瓜葛。他们与奥地利保守派首相梅特涅合作，令日耳曼诸邦加入到一个由奥地利担任永久主席的邦联中。数年后，痛苦的雅恩大声疾呼："日耳曼需要为她自己发动一场战争，一场摆脱法兰克（意指奥地利）的战争，使她在自身民俗的成熟过程中完成对她自己的塑造。这个时刻必将到来，因为没有一个人可以不经历出生时的阵痛而来到这个世上。"

雅恩的梦想最终得以实现，这有一部分应感谢"维也纳会议"对战利品的分配。具有历史讽刺意味的是，同盟国的代表们将普鲁士当成了最有资格看守欧洲稳定的国家。作为放弃东边波兰领土的交换，他们自作聪明地给与普鲁士萨克森、莱茵兰和威斯特伐利亚的大量财产，将其战略重心西移，为其提供煤和铁来发展工业，使之成为掣肘未来法国侵略的平衡力量。

雅恩再次努力燃起人们对统一的热情。他建立了"国家学生联合会",提出了荣誉、自由和祖国的口号。他们尊崇的颜色为黑色、红色和金色。他以"荣誉、自由、祖国"为口号成立了"Burschenschaften",即全国学生联盟。这一颜色组合成了民族主义运动的象征。

为了强调中世纪崇尚简朴的价值,雅恩穿起了一件原色布料长袍,他将其称为"真正的日耳曼服装"。他穿着这样的衣服趾高气扬地穿过被征服了的巴黎,爬上了凯旋门,折断了胜利女神口中的小号。而在家乡,他的一些年轻的狂热信徒则身穿熊皮来强调条顿风尚。他们成群地在大街上游荡,嘲笑衣着光鲜的同胞是法国的马屁精。

"全国学生联盟"于1817年10月18日在图林根的瓦尔特堡召开了第一次会议。这次会议的地点和时间都是经过精心安排的:一座赫然耸立于山顶的中世纪城堡不仅象征着骑士精神盛行的日子,同时它也是马丁·路德完成其具有里程碑意义的《新约》圣经德语译本的地方;这一年恰好是路德发动宗教改革三百周年,而这一天则是"民族大会战"纪念日。于是,马丁·路德和击败拿破仑的普鲁士元帅格布哈德·冯·布吕歇尔便都与这场运动联系了起来。路德完成了日耳曼的"内部解放",布吕歇尔则为日耳曼赢得了外部自由。

这次会议的高潮是火炬游行:最后一群身穿灰色

衬衫的青年将那些反民族主义作者的著作一部部投入篝火中。这一事件原本是为纪念路德焚毁教皇诏书，却震动了整个中欧。一个世纪后，它成了纳粹焚书活动的榜样。

雅恩和他的追随者们不断散播民族主义的种子，从一小部分大学知识分子到广大中产阶级。但他们从未获得足够的支持来挑战梅特涅重建的旧政府。为了维持德意志邦联的秩序，梅特涅实行了审查制度，并组织了一个间谍网来随时报告民族主义的骚动或政治改革的呼声。他的首要任务之一就是让日耳曼诸邦摆脱他所谓的"雅恩与阿恩特这样的人的独裁统治"。在梅特涅的要求下，普鲁士政府逮捕了雅恩，并取缔了他的体操协会。

在此后的 30 年里，梅特涅维持着一种不稳定的权力平衡。但是到了 1848 年，革命的浪潮席卷欧洲大陆。那一年，德意志邦联的一些新生党派受法国革命的启发（法国人赶走了路易·菲利普国王，建立了共和国），在法兰克福的圣保罗大教堂召开了德国历史上第一次制宪会议。在此次会议的当选代表中有两位老人——时年79 岁的阿恩特和 70 岁的雅恩。年轻一些的民族主义分子纷纷向二人致敬，因为他们是 50 年民族主义运动活生生的象征。

由于各党派之间的分歧过大，这次会议并不成功。激烈的辩论之后，产生了一份温和的文件，规定在世袭皇帝的控制下，成立一个设有经选举产生的两院制立法

1848 年 3 月，黑、红、金相间的运动旗帜下，民族主义者们在柏林设置路障与普鲁士军队战斗。这次起义导致了一部要求建立两院制立法机构的宪法的诞生，但赋予了国王绝对否决权。

机构的联邦。意识到奥地利绝对不会同意，他们将计划提交给了普鲁士的腓特烈·威廉四世（他于 1840 年继承了腓特烈·威廉三世的王位）。令他们失望的是，普鲁士国王傲慢地拒绝了他们的提议，斥之为"用革命、不忠和叛国的污垢和渣滓铸成的冠冕"。国王的态度彻底地摧毁了自由主义者们在民主路线上发展德意志民族国家的希望。

自由主义者们对民主的短暂尝试让他们感受到了痛苦的幻灭。回顾这次失败时，一位代表宣称："德意志民族厌倦了原则和学说，想要的除了权力还是权力！谁给它权力，它就给谁荣誉，比他所能想象的还要多的荣誉。"另一位代表悲观地预言："自由和统一不可能同时获得。统一必将首先到来，而且只能由一个暴君来实现。"

但是，比政治更引人注目的东西开始牵动德意志人的心，那就是工业革命。早至1834年，普鲁士已经开始改革其海关条例，后来又建立了关税同盟，以打破阻碍了各邦国间贸易的错综复杂的关税迷宫。普鲁士还设法吸引其他公国来参与，令其对奥地利的制衡有了新的手段。

资本主义、城市化和中产阶级的迅速发展助长了这种势头。到了19世纪50年代末，自1848年12月5日起名义上已是立宪制国家的普鲁士，开始小心翼翼地尝试议会制政府。

腓特烈·威廉四世死后，他的弟弟威廉继位，他是一名训练有素的军人，民族主义的希望随之高涨。为了突出普鲁士的重要性，威廉坚持要在条顿骑士团建立的中世纪古城柯尼斯堡行加冕礼，那里也是勃兰登堡被宣布为普鲁士王国的地方。就像他的霍亨索伦先辈们那样，威廉做的第一件事就是大举扩充军队并加强对军队

图片中的是1862年47岁的奥托·冯·俾斯麦，他在这一年成为普鲁士首相。他是一位现实政治大师。为了追求权力，他破坏了联盟，放弃了计划，背叛了支持者。

的控制。当立法机构对他这样做的权力提出质疑时，一场宪法危机发生了。于是威廉便向他那位态度强硬的驻法大使寻求帮助。就这样，在 1862 年 9 月 22 日，奥托·冯·俾斯麦抵达柏林并立即被任命为首相。在接下来的 28 年里，这位容克地主和军官的儿子是德意志的实际统治者。

即使以当时的标准看，俾斯麦也是一个保守派，以至于他在早期关于德意志各邦控制权的小规模冲突中站在了奥地利一边。他一生都是专制主义的代言人，而且从不怀疑自己判断的正确性。他曾说："我要以我喜欢的方式创作音乐，不然就什么也不做。"无论以什么标准衡量，俾斯麦都是一个强势的存在。德裔美国记者和政治家卡尔·舒尔茨在 1848 年的失败后离开了故土普鲁士，他这样描述俾斯麦："高大、挺拔、肩膀宽阔，在那阿特拉斯的肩膀上是人人都通过图片认识了的那颗硕大的头颅。整个形象给人留下的印象就是巨大。"

尽管俾斯麦个性傲慢专横，但他仍保持对国王的忠诚，这是因为路德派教义已深深地扎根于其思想之中。他说："我首先是个保王主义者。我可以对他骂脏话，并且，作为一个容克，我甚至可以想象反叛他。我以我自己的方式对待国王，我影响他、信任他、指导他。但是他是我所有思维和行动的中心，是我撬动世界的阿基米德支点。"

俾斯麦的政治思想并不复杂，普鲁士和德意志的强盛与衰弱均取决于一个因素——那就是权力。他相信权力是解决所有政治问题的决定性因素。他通过一道简单的命令就轻易地解决了威廉的军事预算危机。他规定：无论何时，只要议会和国王在增加收入的问题上有分歧，政府就有权增收新的税款并使用它，直到达成协议。立法院的代表们几乎不敢对此有任何的异议。德国首个工人党的创始人费迪南德·拉萨尔用这一事件来比较普鲁士人和英国人的思维方式。他说："在英国，若是政府官员征收未经议会批准的税款，那么公民们会拒绝缴纳。如果官员坚持要这么做的话，就会被逮捕。法院将驳回官员按命令行事的抗辩，并以实施不法行为的罪名将其投入监狱。而在普鲁士，事情则截然相反。那些不缴纳税款的公民们将因'反抗合法权力'而被逮捕，而政府官员则因履行职责而受到赞扬。"

在军队得到了足够的军费后，俾斯麦把注意力转向了与奥地利长时间的竞争。早在 1856 年，他就写下了这么一段话："德意志对于我们和奥地利来说都太小了，双方都在同一块有争议的土地上耕种。"俾斯麦通过间接的方式来处理这个问题。他于 1864 年发动了对丹麦的战争并夺取了石勒苏益格与荷尔斯泰因两个公国。为了防止普鲁士独自扩张，奥地利也加入了征服行动，一段时间里，两个大国共享这些省份。这是一种必然会引起争端的妥协，而这正是俾斯麦想要的。他允诺将威尼斯地区（奥地利于 1797 年强占了此地区）归还给意大利，从而使意大利人站到了普鲁士一边。他又以国民议会的前景为诱饵，赢得了德意志诸邦的支持。在做完这些事之后，他便命令石勒苏益格的普鲁士军队将奥地利人赶出了荷尔斯泰因。

这场由俾斯麦所操纵的战争只持续了几个星期。普鲁士军队于 1866 年 7 月 3 日在克尼格雷茨战役中彻底击溃了奥地利人。俾斯麦在这次胜利中显示出了他的宽宏大量，他驳回了他的将军们提出的进军维也纳的要求。他说道："与奥地利的争端已经解决，现在是恢复两国友谊的时候了。"根据和平条约，普鲁士吞并了奥地利的战时盟友汉诺威、拿骚、黑森－卡塞尔和美因河畔法兰克福，消除了普鲁士东西部省份之间的走廊。这些地区与石勒苏益格－荷尔斯泰因合并成一个新联盟，称为北德意志邦联。这样，中欧的权力重心已经转移到了普鲁士。

民族主义的诱惑取代了人们对宪法自由的追求，俾斯麦的声望骤增。当时著名的社会主义评论家威廉·李卜克内西哀叹道："鲜血就像一种奇异的果汁，因为在躺在尘土中祈祷的人们面前，黑暗天使变成了光明天使。俾斯麦违反宪法的烙印从他的额头上洗去，取而代之的是荣誉的光轮在他戴着花环的头上辉煌闪耀。"

俾斯麦说："德意志指望的不是普鲁士的自由主义，而是它的力量。当今的重大问题不是靠演讲和多数票能决定的，而是要靠铁和血。"这是一句学童们都会

熟记在心中的名言。但
为了实现预言，俾斯麦
还需要另一场战争——
一场蓄谋已久的对法国
的讨伐。

　　战争的导火索很快
就被点燃了。霍亨索伦
家族在南德意志信仰罗
马天主教的分支的一位
亲王被推举出来继承西
班牙空缺的王位，而法国因为担心普鲁士的扩张反对这
一提议，这位亲王的候选资格被取消。但是当时的法国
皇帝拿破仑三世仍不满意，派遣使臣去向威廉一世索取
更进一步的保障。普鲁士国王没有参与此事，认为没有
理由讨论这个问题。然后，他给俾斯麦发了份例行电报，
描述了和法国使臣之间的短暂会面。俾斯麦抓住了这一
机会。他对电报进行了编辑，使法国人受辱，并将它刊
登在了报纸上。他说："在午夜前巴黎就会知道这件事，
基于这份电报的内容及其在报上的发表，法国人会像看
到红布的公牛一样怒不可遏。"俾斯麦冷酷的计谋奏效
了：愤怒的法国人向普鲁士宣战。

　　法国人不知道的是，普鲁士军队为这场战争已经
准备了3年。当拿破仑三世手忙脚乱，四处征召甚至远
至非洲的后备部队时，德意志诸邦已步调一致，紧随普

1871 年 1 月，德军的炮击摧毁了巴黎市中心，包括香榭丽舍大街两旁的建筑。然后，胜利的德军在协和广场举行阅兵。德军占领了法国北部，直到 1873 年法国付清了 50 亿法郎的赔款。

鲁士之后，在陆军元帅赫尔穆特·冯·毛奇的指挥下对法国发动了突然袭击。数周内，德军在色当战役中大获全胜，俘虏了 12 万法军，其中包括法国皇帝拿破仑三世本人。拿破仑三世的溃败在巴黎引发了革命，法国人推翻了君主制，实行共和。

普法战争使俾斯麦与普鲁士总参谋部之间酝酿已久的矛盾进一步激化，问题出在对军队的控制上。一开始，这位首相满足于让将军们指挥战争，但是在色当战役后，俾斯麦想迫使法国尽快求和。他担心在达到他的政治目标前，俄国会出面干预此事。但是毛奇拒绝了俾斯麦的建议，认为他干涉了军队的正当领域。

到了 9 月中旬，德军包围了巴黎。俾斯麦主张炮轰巴黎以迫使其投降，但是毛奇反对这一提议。他认为法国首都不再是一个军事目标，而更愿意把他的人投入到与法国南部残余敌军的战斗中去。尽管如此，俾斯麦依然独行其是，炮击还是以无情的精确度被执行了。总参谋部和文官政府之间的权力界限仍然模糊不清，将军们从未放弃在军事事务上的特权。

1871 年春，法国宣布投降，同意向普鲁士支付 50 亿法郎的赔款，并割让阿尔萨斯和洛林的部分地区。至此，德意志取代法国成为欧洲的领导力量。普鲁士国王威廉一世在凡尔赛宫镜厅（半个世纪后，德国将在这里签署屈辱的投降书）被宣布为皇帝，并在德意志诸邦的一致同意下正式建立了德意志帝国。俾斯麦理所当然地被威廉委任为首相。许多德意志人将俾斯麦创建的新政治实体与神圣罗马帝国神话般的宏伟联系起来，将这个新帝国称为德意志第二帝国。诗人弗朗茨·埃马努埃尔·盖伯尔想象着皇帝的宝座由巴巴罗萨的乌鸦所环绕，而理查德·瓦格纳则将帝国皇帝的地位称作是世上所有王权中最高贵的。

无数的声音加入了欢呼的合唱。小说家古斯塔夫·

弗赖塔格从蓄意制造的普法战争中看到了"历史进程的
诗意"，另一些人则声称是神的手在起作用。自由派历
史学家赫尔曼·鲍姆加滕写道："眼泪顺着我的面颊不
住地往下流，我们做了什么竟然得到主的如此恩宠？
二十年来我们所有愿望与努力的实质内容现在已经实
现了。"

　　国外对帝国高压手段的批评引起了国内激烈的反
驳。特赖奇克大发雷霆："鉴于我们维护世界和平的义
务，谁敢反对说阿尔萨斯和洛林的人们并不希望归属于
德国？这些地区是我们剑下的权利，我们要以更高的权
利来处置它们——德意志民族的权利，它不能允许它失
去的孩子们永远成为德意志帝国的异己。"一份周刊这
样评论道："人们接受表面浮华肤浅内在已然腐朽的法
国文化要比正确地欣赏日耳曼精神的深度容易得多。这
场战争表明，从本质上讲，日耳曼永远不能指望被日耳
曼血统以外的人所理解。"

　　俾斯麦没有参与到这股狂热的爱国主义潮流中去。
他宣称德国已经得到了它想要的，并转向维护它的实际
工作。俾斯麦的首要任务就是制定一部适合他与威廉一
世之间特殊关系的宪法。他希望给人以一种代议制政府
的印象，同时又通过首相之职为德皇和他自己保留独立
的权力。俾斯麦巧妙地达到了这一目的。他使新帝国成
为一种联邦制国家，各个邦国都保持相对的独立，并拥
有处理各自内部事务的权力。德皇掌管外交事务，是帝

国军事力量的最高统帅。军队只对皇帝宣誓效忠而不是效忠于宪法。此外，威廉一世作为普鲁士王国的国王，他或是他的普鲁士首相俾斯麦还执掌联邦参议院，一种由德意志诸邦王公们组成的联邦委员会。这个上议院的作用是掩饰普鲁士的霸主地位。作为帝国里最大王国的居民，容克们控制了议会足够多的选票，对所有立法拥有否决权。

下议院亦即帝国国会的议员，是由男性公民普选产生的。但是这种民主让步并不使人感到振奋，因为下院议员们不仅没有薪水，他们的权力也少得可怜。皇帝可以凭自己的意愿随时召集或休会，而政府的大臣们和首相只对皇帝一个人负责。于是，争夺席位的六个左右的政党在很大程度上作为压力集团，代表它们自己的利益影响立法或行政政策。这种安排也适合俾斯麦，因为挫败了他最害怕的东西——真正的民主。帝国的军队也仍然不受任何宪法的约束而牢牢掌握在普鲁士手中。为了试图让一位困惑的英国访问者理解这个帝国，社会主义领袖威廉·李卜克内西嘲讽地说："如果你想理解德国，你必须抓住这样一个事实，那就是德国就像一个颠倒了的金字塔，它的牢牢地嵌在地上的顶点就是普鲁士士兵头盔上的长钉，其他所有的东西都建立在那基础上。"

俾斯麦开始着手将德国建成欧洲的经济中心。他极力发展工业，并建立稳定的货币。但是俾斯麦很快就发现他正受到两大政治团体的威胁。一个是天主教中央党，它跨越经济线，主要集中于巴伐利亚、莱茵地区、西里西亚和普鲁士的波兰地区。另一个就是信仰马克思主义的社会民主党。在俾斯麦眼中，这两个团体的忠诚已不仅仅局限于德国范围之内，它们已成为危险的"国中之国"。

俾斯麦通过颁布慈善的社会立法来减缓社会民主党人的不满。同时，他发动了一场名为"文化斗争"的运动来压制天主教徒。他解释说："这并非一个新教王朝对天主教进行攻击的事，现在所发生的是古已有之的王权与神权之间的斗争。"

俾斯麦驱逐耶稣会（天主教修会之一）并攻击其他的教团。他坚持牧师们必须经过培训并且要获得国家的许可才可活动。仅仅在普鲁士就有近一半的主教被投入监狱，上千个教区出现空缺。梵蒂冈新近宣告的教宗无误说的通谕令新教民族主义者感到震惊，纷纷支持压制性的反天主教立法。然而天主教中央党蓬勃发展，作为一贯的现实主义者的俾斯麦放弃了他的攻击。当然在此之前，他已经严重损害了本已脆弱的宪法自由概念。

在外交舞台上，俾斯麦的记录要好一些。他凭借高超的技巧，建立了一个复杂的联盟系统来维持权力的平衡。在谈到他成功的原因时，他说："我的眼界并不在于获得了更多的领土，而是对整个政治形势有一个总

扭曲的梦想

　　白胡子的普鲁士国王威廉一世于 1871 年 1 月 18 日在凡尔赛宫镜厅宣告成为德意志帝国的皇帝。俾斯麦身着白色骑兵制服，在一旁观看。

体的把握。那就是除了法国之外的所有政治力量都需要我们，并且由于他们相互之间的复杂关系使他们不能结成同盟来反对我们。"他知道德国处于易受攻击的欧洲中心地区，所以，一旦世界处于由 5 国（德国、奥地利、俄国、英国、法国）保持的不稳定的平衡中时，所有的政治都会还原为这一公式：成为三者之一。

在俾斯麦的政治生涯中，始终得到一个温顺的皇帝的支持。但是到了 1888 年，91 岁的威廉一世去世，他 57 岁的儿子腓特烈三世继承了王位。腓特烈三世是英国女王维多利亚的长女的丈夫，他非常羡慕英国的议会制，并梦想有一天也能使德国走上民主化的道路。在普法战争期间，他在日记中写道："即使今天，我仍然认为德国本可以从道义上获得胜利，而不是通过铁和血。这对我们来说是一个高尚而又艰难的任务，那就是在将来使我们亲爱的祖国不再像今天这样受到世界毫无根据的怀疑。我们必须向世人显示，德国新获得的力量对人类来说不是危险，而是一种福音。"不幸的是，他并没能实现他的理想。在戴上王冠仅仅 99 天后，腓特烈三世便死于喉癌。

腓特烈的 29 岁的儿子成为新的皇帝——威廉二世。年轻的威廉鄙视他父亲的自由主义思想。他憎恨立宪和政党（他后来称国会议员为"一队猴子，一群笨蛋和梦游者"），同时也嫉恨俾斯麦的特权，并且拒绝顺从于这位年迈的首相。他认为，是上帝指引他，让他领导他

的子民们。俾斯麦为此叹息道："这位新皇帝就像一个气球，如果不紧紧地抓住它的线，你永远也不知道它会飘到哪儿去。"另一位观察家冷淡地说："陛下的专制倾向并不伴随任何对事实的认真审查，而只是说服了自己。任何一个投其所好的人的言论都被视为具有权威性，而与其意见不同的人都是'被愚弄了'。"

很快，任性的皇帝和固执的首相就在社会立法的问题上发生了抵牾。威廉二世支持这一立法。他是在阿道夫·施特克尔领导的基督教社会运动的民族主义价值观熏陶下登上王位的。而施特克尔——一位善于蛊惑人心的福音派牧师，把对工人的剥削和犹太资本主义画上了等号。俾斯麦反对向劳工作出进一步的让步，但最终的决裂发生在他们作为普鲁士国王和首相的关系上。为了阻止威廉二世接触其他人的想法，俾斯麦搬出了尘封已久的由腓特烈·威廉四世在 1852 年签署的一道法令，规定普鲁士大臣们在接近国王之前必须先与首相商议。威廉二世被俾斯麦毫不掩饰的控制他的行为激怒了，命令俾斯麦要么撤销这一法令，要么就辞职。痛苦的老首相选择了辞职，并于 1890 年 3 月 17 日正式退休，回到了他在石勒苏益格－荷尔斯泰因的弗里德里希斯鲁庄园。

尽管威廉二世宣称原定方针不会改变，但是他很快就转移了外交政策的焦点。这位年轻的皇帝并不满足于在欧洲大陆的霸权，他开始着手将德国变成为一个全

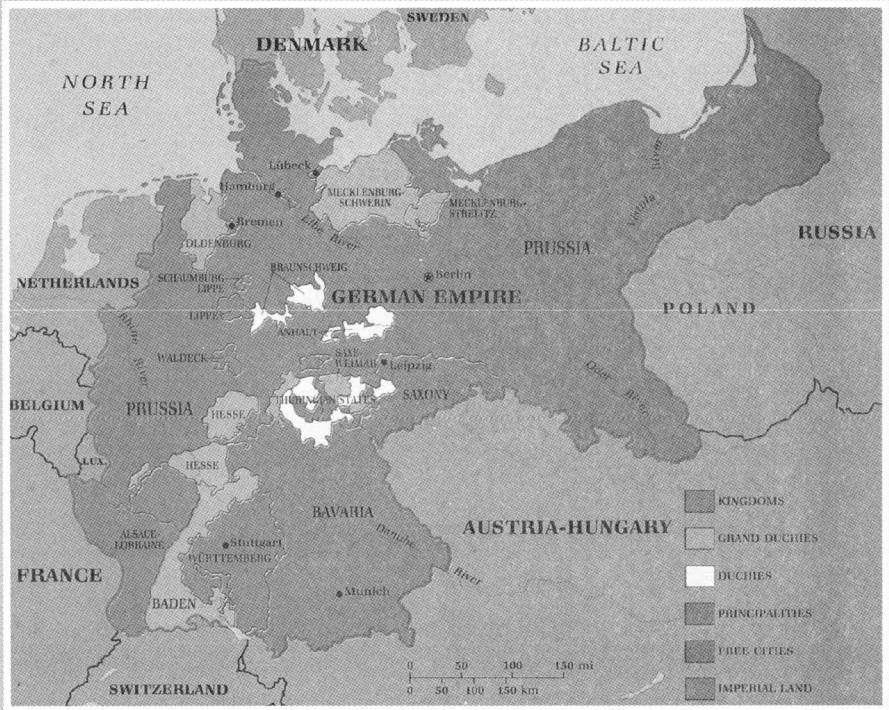

在 1871 年普鲁士和南德意志诸邦组成联盟共同击败法国后，普鲁士政治家奥托·冯·俾斯麦把4个王国、6个大公国、5个公爵领地和7个亲王封地合并，置于普鲁士国王威廉一世（由此成为德意志第二帝国皇帝）统治的德意志帝国版图内。尽管各个成员保留着不同程度的自治权，但德国第一次成为一个统一的国家。

俾斯麦职业生涯的讽刺画

奥托·冯·俾斯麦专横的作风、光秃的脑门和臃肿的腰身不可避免地使他成了讽刺画的主角。这些选自世界各国的讽刺漫画的主题是：

1．俾斯麦扮成胜利女神，在勃兰登堡门的顶上驾着战车。

2．当教皇利奥十三世伸出脚让俾斯麦亲吻时，俾斯麦回应的是他的靴子。

3．俾斯麦就像德意志帝国国会严厉的训练者。

4．俾斯麦竭力压制着德国的劳动党。

5．就像一个迷人的农家女，俾斯麦把面包屑扔给他的那些宠物国家。

6．在洋洋得意的威廉二世的注视下，俾斯麦从德国这艘大船的驾驶舱里走了下来。

7．在退休后，这位海中巨兽"利维坦"依然滔滔不绝地发表自己的观点。

SOCIALIST JACK IN THE BOX.

BISMARCK AS THE FARMER'S DAUGHTER

HAMBURGER NACHRICHTEN

　　1888 年，俾斯麦在他的弗里德
里希斯鲁庄园欢迎新德皇——29 岁
的威廉二世。这位年迈的首相说："他
的不成熟将不会带来什么好结果，
他过于自负了。"

1890年，俾斯麦辞职后，祝福的人群在柏林莱尔特火车站为他送行。一位评论家写道："他留下了一个没有政治意愿的国家，一个习惯于服从任何（由俾斯麦）为其作出的决定的国家。"

球性的殖民大帝国,并且为建立一支强大的海军做准备。新的焦点适应了当时炫耀武力的气氛。德国正处于一个前所未有的增长时代,大多数的国民们在皇帝的"世界政策"中看到了他们无穷精力的出口。

在公众不加批判的对国家政策的认同中,一种恶性的种族主义民族主义的重新抬头起到了促进作用,这集中体现在1890年成立的"泛德意志同盟"上。这个组织信奉这样的思想:具有纯正血统的日耳曼人是文明的创造者和承载者。他们对所有的世界性进步负责,而犹太人却一直起着消极的反作用。这种思想在德籍英裔作家休斯顿·斯图尔特·张伯伦(瓦格纳的女婿)的宣扬下普及开来。"泛德意志同盟"提出的目标是将所有他们认为属于德国的土地集合成一个巨大的联盟,其中包括荷兰、比利时、卢森堡、瑞士、匈牙利、波兰、罗马尼亚、塞尔维亚和奥地利。泛德主义者们希望以这个大帝国为基础,达到统治整个世界的目的。尽管许多人认为"泛德意志同盟"只是德国民族主义者的一个疯狂的边缘组织,但是它的成员仍包括了许多帝国最受尊敬的军界、工业界、政界和学界的领导人。

保罗·安东·德·拉加德、尤利乌斯·朗本和海因里希·冯·特赖奇克的一些种族主义和反民主著作也塑造了当时德国人的心理。拉加德坚持说民主和文化是相互排斥的,他对俾斯麦建立的帝国感到失望,因为它在种族上不够纯洁,而且花费了过多的口舌在议会制政府上。他渴望一个新的帝国，而这个帝国将由一位"以某种神秘的直觉按其所需来教育他的民族"的元首来统治。朗本的观点与拉加德的一致。在他的一本名为《作为教育家的伦勃朗》（通过奇特的逻辑跳跃，他宣称这位仁慈的荷兰画家是德国种族主义民族主义的源头）的畅销书中，他呼唤新的巴巴罗萨——"一位恺撒艺术家，他的精神之火和强大的力量将满足我们古老的、对胜利的渴望。"特赖奇克广泛传播的作品宣扬了战争的荣光，以之为实现伟大德国的手段。他预测说，一个新的德意志帝国将取代旧的大英帝国并将征服中欧的斯拉夫人。他宣称："那些愚蠢地主张世界和平的人显示出了他们对雅利安人种国际生活的无知。"皇帝威廉二世本人也经常出席特赖奇克的政治演讲。

威廉二世夸夸其谈的嗜好加剧了世界各国对德国日益增长的恐惧。他在演讲时不断提到德国的"阳光照耀之地""武力威胁"和"闪闪发光的铠甲"。当他派遣军队去镇压中国的"义和团运动"时，他要求他们要像阿提拉的匈人那样残忍。而当大英帝国首相赫伯特·阿斯奎斯试图探讨欧洲大陆的权力平衡时，德国皇帝这样回复道："在欧洲没有权力的平衡，只有我和我的 25 个军团。"

在威廉二世的授命下，海军元帅阿尔弗雷德·冯·提尔皮茨开始实行庞大的战舰建造计划以赶超英国海军。但无论是皇帝还是他的元帅都没有意识到，这样一个鲁

这种轻骑兵卫队的海豹皮制高帽起源于17世纪的匈牙利雇佣军。

在阅兵式上，皇帝的禁卫军，胸甲骑兵卫队的官兵们带着顶部饰有银色帝国之鹰的龙虾尾头盔。在平时，盔顶则饰以尖钉。头盔由顿巴黄铜铸成，这种合金表面上看起来和黄金一样。

在德国普通家庭中，数量众多的印有"纪念我服役的日子"的证书、啤酒杯、小雕像提醒着人们，德意志帝国是一个以军队为根基的国家。年轻人将服兵役看成是一种光荣。所以，军服不仅是一件衣服，更是一种尚武传统的象征。对大多数士兵来说，普鲁士于1840年左右开始使用的尖顶盔是一种标准的帽子。每个王国都在头盔上镶嵌了王室标志，那些老牌军团还把过去在战斗中获得的荣誉和英雄事迹也添加了上去。军服装饰着颜色明亮的贴边和饰面。但是，到了1910年，预示着那场即将到来的泯灭人的个体性的战争，军队换上了较不显眼的原野灰色战斗制服（如下几页所示）。

帝国传统
的象征

骑马猎兵戴的是饰有龙骑兵式鹰徽的蓝钢头盔，第8团的一名成员带过这顶头盔。

第10汉诺威猎兵团军帽上的鹰徽刻有在西班牙与威灵顿公爵一起战斗的荣誉。

第13乌兰枪骑兵团头盔上的绳子是为了避免帽子在骑马时遗失。在头盔板上刻有在拿破仑战争中获得的荣誉，包括滑铁卢战役。

步炮兵团的头盔顶部装饰以加农炮弹而非尖钉。

第 92 布伦瑞克步兵团的头盔和便帽上装饰有 1809 年黑衣布伦瑞克兵团的骷髅标志。军服肩章上的条纹滚边表明，穿着这件上衣的是一个因学业或其他原因而缓役，只服役了一年的年轻人。

1910 年，第 105 萨克森步兵团的野战军服，用于演习和实战，保留了军礼服的剪裁与细节。华丽的头盔配有原野灰色的盔罩。

浅灰绿色的骑马猎兵短上衣，仿照了胸甲骑兵的上衣。各兵团上衣的宽条纹滚边有不同的颜色组合，采用了隐藏的钩眼扣设计。

第108萨克森猎兵团穿戴的是暗绿色的上衣和奥地利式的平顶帽。光芒四射状的盔徽底板上刻有萨克森纹章与步枪兵的军号。该团在阅兵时头盔上装饰着马鬃毛饰。

莽的计划将会迫使英国投向其宿敌——法国的怀抱。与英国在海军装备上的摩擦只是德国与其他国家冲突中很小的一部分。不久，他与俄国的关系也开始恶化，俄国也站到了法国一边。这样一个接一个地，德国很快就丧失了与其他国家的友谊，最后只剩下摇摇欲坠的奥匈帝国这唯一的同盟了。在1909年，帝国首相特奥巴登·冯·贝特曼－霍尔维格总结了皇帝的外交政策："挑战所有人，阻碍所有人，但在这一切过程中没能削弱任何人。"

早在俾斯麦式的平衡全面恶化之前，军队的领导者们就担心德国会陷入敌对邻国的包围，所以他们很早就开始着手控制国家政策。当提尔皮茨的第一个海军建设计划被批准时，总参谋长阿尔弗雷德·冯·施利芬伯爵就已在制定一个危险的计划以应付与俄国和法国的两线作战。计划要求一支强大的右翼部队迅速冲过中立的比利时和荷兰，包抄法国的防御工事，并向南包围巴黎，与此同时，以少量兵力保卫东部边境抵御俄国人。在快速地击败法国后，再转向进攻俄国。当施利芬将他的计划提交给政府并说明他打算无视外交条约时，文官大臣们立即屈服了。他们向他保证，如果总参谋长认为这样的措施势在必行，那么"外交的责任就是赞同"。

到了1914年，军方对"预防性战争"的渴望已经得到了普遍支持，对外政策的决定权也悄然转移到了总

1894年的一张罕见照片中，英国维多利亚女王（前排中间）被王室亲属簇拥着。维多利亚的外孙威廉二世在前排的最左首；他的表弟——俄国的沙皇尼古拉二世位于第二排的左起第二位，第三排的最左边是威廉的叔叔，后来成为英国国王的爱德华七世。

参谋部手里。奥地利皇储弗朗茨·斐迪南大公在萨拉热窝遇刺身亡，危机的导火索终被点燃，德国发现自己陷入了一场竞赛。很快，俄国与法国分别于7月29日和8月1日宣布实行全国军事总动员，给威廉二世增加了很大的压力。如果他在德国实行总动员失败的话，施利芬的计划就会搁浅。德意志帝国军队的规模已从1870年的大约25万人发展到了200万人，调动这样一支巨大力量的时间表不容拖延。

柏林的市民为 1914 年 8 月战争的爆
发而欢呼，他们高举着威廉二世和他的盟
友——奥匈帝国皇帝弗朗茨·约瑟夫一世
的画像。一位狂热分子写道："对我们来
说，战争是这个世界上最神圣的事。"

德皇威廉二世（左起第二位）和战时德意志帝国的主要领导人在一起，他们中有军队最高指挥官保罗·冯·兴登堡陆军元帅（最左边）和他杰出的副手埃里希·鲁登道夫将军（右起第二位）。

　　德国民众对威廉的动员令欣喜若狂。一位青年作家卡尔·楚克迈尔声称，德国拒绝在"全世界反对者的压力"面前低头是正确的，"它们拒绝让德国自由发挥自己的能量"，他的话也透露了当时大部分德国人的情绪。楚克迈尔这样描述他是如何被战争狂热所感染的："然后，巨大的科隆站里歌声回荡，军队行进的步点，旅行者们的欢呼，就像一股宇宙电流辐射一般穿透我全身。它令我的身体和灵魂都进入一种恍惚状态，极大地增强了对生命和存在的热爱，是一种参与的喜悦，甚至是一种优雅的感受。"这时，甚至那些反对派也陷入了这种狂热。社会主义者康拉德·黑尼施说，刚开始时，对于是将热情投入到这种全国性的浪潮中去还是继续坚守自己的原则确实很难让他做出抉择，但是，"突然间——我将永远不会忘记那一天那一刻——可怕的焦虑消除了，"他回忆道，"一个人可以怀着一颗完整的心，问心无愧、毫无背叛感地加入到这横扫一切的暴风雨般的歌声中：'德意志，德意志高于一切。'"

　　但是在赫尔穆特·冯·毛奇（色当战役军事家老毛奇的侄子）的怯懦指挥下，修改后的施利芬计划并没有取得一场速胜，向法国的推进于9月份在马恩河被法军阻挡。这时，德国只能面对一场两线作战的消耗战。凡尔登等地随后发生了长达数月的屠杀，而在此后三年里，西线的移动从未超过10英里。与此同时，东线德军却在俄国和巴尔干地区取得了巨大胜利。整个过程中，德皇的公海舰队始终被英国海军封锁在波罗的海，无所事事。

1916年，随着陆军元帅保罗·冯·兴登堡接任德军总参谋长，而其前参谋长埃里希·鲁登道夫将军被任命为军需总监，德国实质上已成为了一个军事独裁国家。俄国在1917年革命中的崩溃给德国带来了乐观情绪的高涨，也让德国在东线获得了广大的领土。普通民众对德国的胜利津津乐道，但对德国的失败却一无所知，他们坚信德军必将胜利。然而事实上，它正因失血过多而死去。

1918年秋天，第二次马恩河战役中德军的最后一次大规模进攻遭遇失败之后，巴登亲王马克斯组建了一个新政府，以响应协约国的投降要求。协约国提出的条件中有一条是要求威廉二世退位，可威廉咆哮道："腓特烈大帝的后裔是不会退位的。"不过他的世界正从他的头上开始崩塌：巴登亲王成功地迫使鲁登道夫辞职；奥地利于10月27日退出战争；当海军上将莱茵哈特·舍尔命令舰队出港时，水手们哗变了，军队内部也开始发生类似的暴动。

1918年11月9日，一个阴冷潮湿的下午，最后一幕戏在比利时斯帕镇的皇家庄园上演。鲁登道夫的继任者威廉·格勒纳将军告知德皇，德军将"在将军们而不是在陛下的指挥下有秩序地返回家园"。威廉退却了，他将辞去帝国皇位，但仍保留普鲁士国王的头衔。不过一切都太迟了，巴登亲王已经宣布了退位，并把政府移交给了社会民主党人弗里德里希·艾伯特。那天晚上，威廉二世悄悄溜到了荷兰，他叫喊着："叛国，先生们！这是赤裸裸的无耻的叛国！"结局来得如此突然，德国民众们感到自己被出卖了，宣布的和平条款让他们也背上了对战争的责任，于是复仇的种子便在一代人心中散播了开来。

西线的
决定性一役

　　到了第一次世界大战的第四个年头，德意志帝国的资源已经消耗殆尽了。在英国海军的封锁下，德国的贸易几乎瘫痪，德国军队也被消耗得差不多了。当美国也加入了协约国一方时，德国的战败似乎只是个时间问题。但是当俄国因为革命和内战而崩溃时，德国的希望又重新燃起。1918年3月3日，新的布尔什维克政府签订了《布列斯特－立托夫斯克条约》后，德军得以腾出数十万士兵投入到西线战场上去。在1918年春天，德军最高司令部着手进行最后一次孤注一掷的赌博以取得战争的胜利——他们发起了一场巨大的攻势试图打破西线3年来的僵持，并在美国军队还未投入战场前，把厌战的协约国拉到谈判桌上来。这次代号为"米夏埃尔"的所谓的"和平攻势"是军需总监埃里希·鲁登道夫将军策划的，他被普遍认同为是德军中最精明的战略家。鲁登道夫决定把英军作为这次攻势的首要目标，他认为"英军比法军更不善于支持一场大规模的防御战"。1918年3月21日凌晨4时40分，德军猛烈的炮火倾泻到了英军的战壕和补给线上。尽管德军严守机密，英军对大规模进攻的迫近仍有所察觉，然而他们还是低估了炮火的密集度和精确性。5小时后，80万德国士兵在长达43英里的战线上横扫突进。温斯顿·丘吉尔称之为世界历史上最宏大的突击。

　　德军士兵们集结在战壕内等待着鲁登道夫"和平攻势"的发动。一位老兵坦白说："紧张的情绪压得我们喘不过气来，不安的疑云笼罩了我们。"

理想主义
的墓地

尽管他们满怀理想主义和爱国热情奔赴战场，但到了1918年，驻守在西线前线战壕中的士兵们已陷入了一种宿命论的麻木。在散发着毒气和腐尸的恶臭的焦土上挣扎求生，他们每天都在经受无法缓解的恐怖的折磨。战争仿佛有了自己的生命，在英国军官诗人罗伯特·格雷夫斯所说的绞肉机中吞噬着生命和希望。

由于双方在经过一番现代化武器的对抗后都没有取得明显的战略优势，普通的德国士兵们对鲁登道夫的攻击计划越来越失去信心。对于堑壕战的持续屠杀和无谓牺牲，一名18岁的德国新兵承认他"感到怒火正在爆发"，他哀叹道："哦，这个可怜的国家，这就是你解决政治问题的方式吗？"

一名被杀的德军士兵，脸上的皮肉已经被老鼠啃得只剩下了骨头，四肢伸开地躺在防空壕旁边。即使被埋葬了，尸体也经常会被敌军的炮火掀翻出来。

德国军队在比利时伊普尔镇附近的废墟中徘徊。"这里的村庄仅仅只是些名字，"一名军官写道，"甚至连废墟都被毁掉了。"

突击队的前进

鲁登道夫的攻击使用了致命
的炮火和毒气。但是"米夏埃尔"
行动最初取得的胜利要归因于一
种引人注目的新战术：在轰炸之
后，紧接着配合以快速移动的特
殊装备部队："突击队"。戴着
防毒面具，装备火焰喷射器、轻
机枪、手榴弹的突击队在德军每
次主攻之前就早早出动，渗透到
协约国的阵地上制造混乱。更大
的战斗群跟随在突击队身后，在
他们的指示下充分利用每一个突
破点。鲁登道夫命令道："后备
力量应投放到进攻正取得突破的
地方，而不是受到阻滞的。"

德军士兵们匆忙地戴上防毒面具，攀爬
到自己的战斗岗位上。3月21日，攻击者
在致命的毒气云后面缓缓前进。

一队突击队员冲上
前去参与进攻。这些小
型精锐部队在攻击中扮
演了关键角色，当然也
死伤惨重。

平板车上的380毫米口径的火炮正在开火支援德军的攻势。这些大炮中最大的一门在75英里的距离外炮击了巴黎。

胜利的滋味

鲁登道夫的孤注一掷得到了回报：德军的春季攻势取得了空前的胜利。在最初的4天里，德军获得的领土超过了协约国在过去3年的战斗中所得到的。大约有100平方英里的土地和21000名战俘落入德军手中。到了6月，德军开进到了巴黎外围的马恩河。一位军官狂喜道："我们在每个角落都取得了胜利。"但是就在这紧要关头，攻势却停滞不前了。德军伤亡过重，补给线也过于薄弱。那些饥饿的士兵纪律松懈，开始放弃战斗去掠夺补给站。协约国重整旗鼓，于7月中旬展开了反攻。

一支德军纵队正在穿越法国北部的索姆河战场继续向西挺进，前一年德军在撤退时破坏了这里。

美军第23步兵团在37毫米步兵炮的掩护下穿过被炮火摧毁的树林，在镜头前继续冲锋。

乘着汽车、卡车和马车，美军一队新近到达的气球侦察连出发去前线。

72

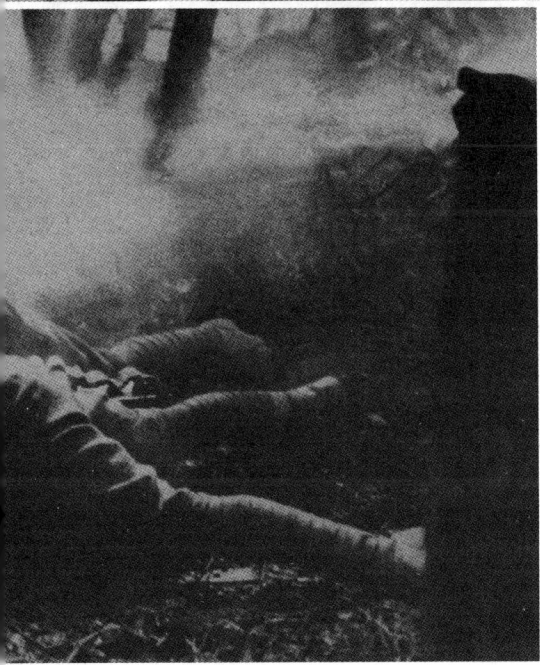

美国的参战

    1918 年 7 月底，将近 150 万美军加入已经消耗殆尽的协约国军行列中。一位疲惫不堪的法军军官将美国远征军的部署比喻为"就像给我们注入了神奇的新鲜血液一般"。在新任最高指挥官法国元帅斐迪南·福煦的指挥下，协约国军展开了反击。美军在阻止德军前进的马恩河战斗中扮演了至关重要的角色。他们稳步地前进，并在圣米耶勒和阿尔贡森林取得了代价高昂的胜利。美国人嘲笑静态的堑壕战，就像一个纽约大兵叫唤的："让我们走出来，一决胜负。"美军的加入给予了协约国军扭转局势的动力。一位英国士兵写道："他们到这里来战斗，来牺牲，怀着极大的热忱。他们是真正的十字军战士。"

1918 年夏，一个新西兰营跟随在英国坦克后面实施反攻。

在 1918 年 7 月的兰斯森林战役中，一名年轻的德军应征兵走出防空壕向英军投降。（右图）

在关键的亚眠战役中，德军炮兵直接命中一辆英国的马克 Ⅳ 型坦克。

战败方的黑暗
之日

　　1918年8月8日黎明前,英国、加拿大和澳大利亚的师团在亚眠前线长达14英里的战线上向脆弱的德军发动了潮水般的攻势。协约国方有低空飞机的支援,并有604辆英国坦克组成的装甲方阵充当先头部队。尽管坦克在1916年就开始装备协约国部队,但很少被用来作为协调战略行动的一个要素。在亚眠,坦克取得了意想不到的效果,它们冲破德军的防线,用巨大的履带将那些顽固的抵抗者碾个粉碎。鲁登道夫写道:"8月8日对德军来说是黑暗之日,军队不再是完美的战斗工具。"

数以千计的德国战俘挤满了协约国的一个院落。一名苏格兰中士写道："这些士兵不过是一群可怜的人，他们被打上了战败者的标志。"

停战后，复员的德军士兵们挤上回家的火车。他们将回到一个混乱的国家，它的政治和社会制度已经支离破碎。

失败的苦果

德军的突然崩溃使德国的盟友和敌人都大吃一惊。当协约国军向东横扫德国边境时，整师整师的德军部队被瓦解。随着攻击失败，战场上伤亡过重及致命流感的肆虐，德军士兵们已经丧失了继续战斗的意愿。一位巴伐利亚军官叹息道："部队无论是在生理上还是心理上都急剧恶化，他们在很大程度上已是烧完的灰烬。"德国后方的社会和政治动荡不安，革命者的鼓动催生了一系列破坏性的罢工，士兵和水手哗变，直到最后德国人民开始反对他们的领导人。

在鲁登道夫将军于10月26日辞职后，他的继任者威廉·格勒纳将军宣布："对旗帜的忠诚现在是一个虚构的概念。"11月11日的停战终止了西线长达4年的屠杀，但却给德国留下了一份苦涩的遗产，德国的下一场战斗将从内部爆发。

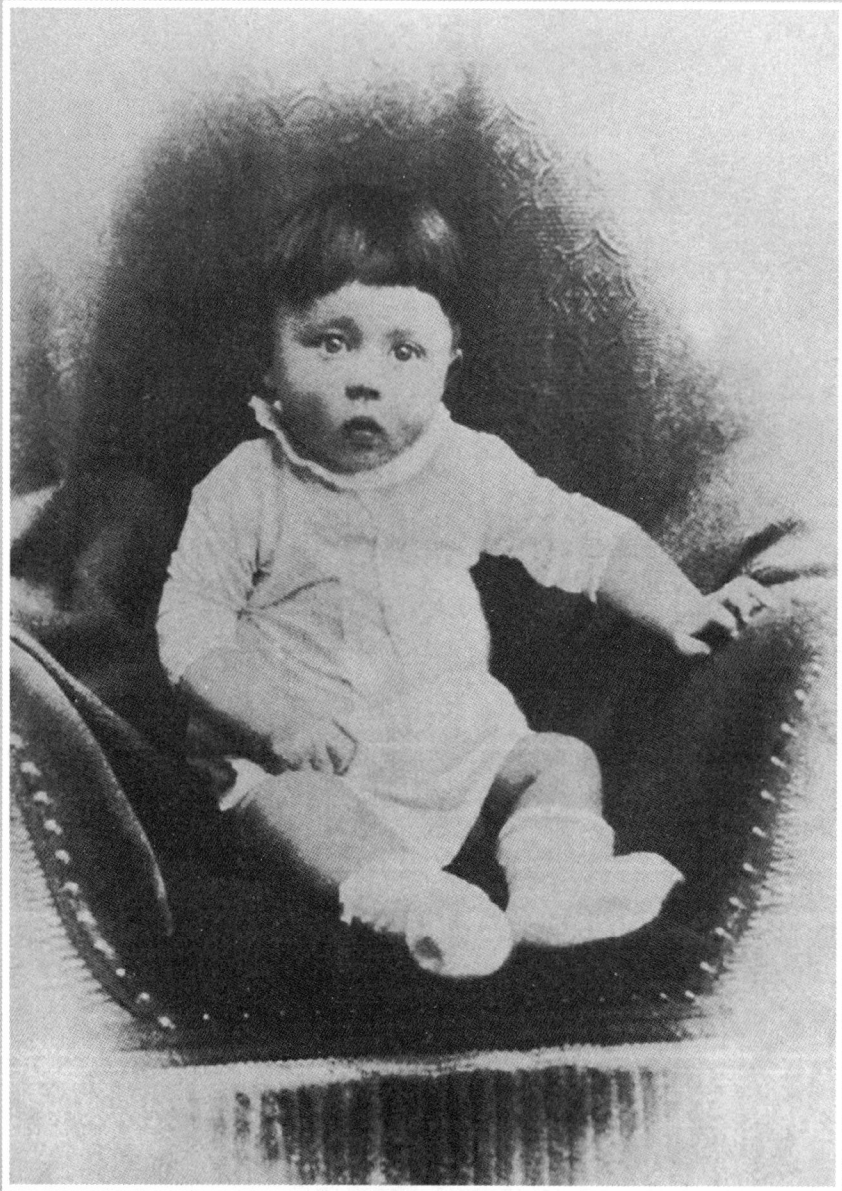

2. 一个门外汉的教育

66 今天看来我是非常幸运的，因为命运选择
了布劳瑙作为我的出生地，"阿道夫·希
特勒这样描述他 1889 年出生的地方——
德奥边境上的一个奥地利小村庄，"我的父母上个世纪
80 年代末住在这个因河边的小村庄里，他们拥有奥地利
国籍，体内流着巴伐利亚人的血；我父亲是一个本分的
政府公务员，我母亲则把她的一切投入到家庭中，并用
她那永恒的爱尽心地呵护着我们——她的孩子们。"

这是希特勒新德国的蓝图、带有政治色彩的自传
《我的奋斗》的开场白。从语言基调中刻意的预示性和
柔情上看，这位未来的元首所讲述的自己的人生故事带
有一种传奇色彩。故事开始于一个敏感、有艺术天赋的
男孩的出生，他甚至在操场上的游戏中都显露出对战争
艺术先天的敏锐。11 岁时，他就已经是一个学会"理
解历史内涵"的坚定的民族主义者。在 18 岁成为孤儿后，
贫困使得故事的主人公必须在这个残酷的世界里为生存
而斗争。此后艰辛劳作、饥寒交迫的岁月里，他从对历
史上伟大的政治思想家的深入研究中得到了一个独特而
全面的政治方案的灵感，可以用来实现他对辉煌的德国
未来的设想。

不到一岁的希特
勒平静地坐在照相馆
铺着天鹅绒的座椅
上，洁白的白外套证
明了一位慈爱的母亲
的精心照料。

这些传奇式的叙述显得既浪漫又做作。终其一生，希特勒对自己的身世始终在撒谎。他假造事实，把自己化身成他所认为的德国人民所向往的领袖：一个神奇的从逆境中成长起来的地位低下的平民最终把握住了自己成为一个强大国家领导人的命运。他煞费苦心地确保其他版本不会泄露出去。在 1939 年，他告诫自己一个鲁莽的侄子：媒体"不应该知道我是谁。他们不能知道我来自哪里，也不能知道我的家庭背景如何"。

一些希特勒集团的核心成员从元首坚持隐瞒自己的身世推断，他的过去有一些不能公开的秘密。有一种夸张但不太可信的说法是，希特勒隐瞒了自己的祖父是一个犹太人，并且事实上他的经历平淡无奇，他的童年与其他同时代的中产阶级出身的奥地利男孩没什么不同。青春期的他漫无目标，生活得很郁闷，等待他的好像只有持续不断的失败，湮灭在默默无闻中。他早年想成为一名艺术学生，靠家里的钱和骗取的孤儿养老金生活。当这些收入来源枯竭时，他并没有屈身从事体力劳动而宁愿接受施舍。他的政治理念完全以自我为中心，其动机纯粹是为那些苦恼的、压倒一切的个人问题寻找答案。他的探索并没有把他带向德国历史上的伟大思想家那里，而是带到了奥匈帝国最后的动荡时期里最臭名昭著的种族主义狂热的传播者那里。正是在一个衰败社会的边缘，这个不安的、孤独的、无能为力的人物为他的政治纲领打下了他所谓的 "花岗岩的基础"——一

希特勒崇敬他的母亲克拉拉，她是个谦虚、和善的人。即使是成年后，希特勒仍随身携带她的相片。希特勒的父亲阿洛伊斯是个专横、死板的公务员。他把胡子留得像奥地利皇帝弗朗茨·约瑟夫，这既让小希特勒感到恐惧、敬畏，也激起了他反抗的怒气。

种基于仇恨、报复，以及看到被征服的人民拜倒在他脚下的欲望的学说。

鉴于他的心理和成长经历，希特勒为自己的背景编造了一个英雄版本也就不足为奇了。到最后，连他自己可能都相信了一半。无论如何，这对希特勒来说毕竟要比实际情况更令人满意，也更有用。

奥地利偏远的瓦尔德维尔特尔是一片森林区，在维也纳的西北方，靠近如今的捷克斯洛伐克边境。那里土地贫瘠，只能勉强维持生活。奥地利人认为这个严酷地区的居民近亲繁殖，多疑、固执，他们钢铁般顽固的性格来源于几个世纪以来他们在与世隔绝的山谷中的挣扎求生。

阿道夫·希特勒的祖母玛丽亚·安娜·席克尔格鲁贝尔于1795年出生于一个贫穷的典型瓦尔德维尔特尔农民家庭。人们对于玛利亚·安娜知道得并不多，只知道她在年轻时就离开了村子去当女佣，并于1837年在她42岁时回到了村子。当时她并没有结婚，但已经怀孕了。她的儿子阿洛伊斯在那一年的6月出世。

玛丽亚·安娜拒绝透露孩子父亲的名字。在附近的多勒斯海姆村的教区登记册上，孩子的出生被记录为私生子。一个世纪后，在德国流传着一个让希特勒备感烦恼的传言：他祖母怀孕与雇佣她的一个犹太家庭的儿子有关。不过在当时，玛丽亚·安娜的大多数邻居认都

阿道夫·希特勒在洗礼证明上被称为阿道弗斯。他出生在因河畔布劳瑙的一家小旅馆楼上，这个约有3500人的奥地利小镇靠近巴伐利亚边境。

这所屋子（左上图）位于莱昂丁，毗邻着希特勒父母被埋葬的公墓，是希特勒从 10 岁生活到 16 岁的地方。希特勒掌权后，窗台上悬挂起纳粹的旗帜。其他童年住所还有他父亲于 1895 年退休后的两年里他们一家生活过的哈费尔德的大农舍（左下图），以及林茨的公寓楼，他母亲 1907 年在那里去世（右图）。

为孩子的父亲是一个名叫约翰·格奥尔格·希德勒的流动磨坊工人（玛丽亚·安娜在阿洛伊斯出生 5 年后嫁给了他）。后来，这个孩子被送到了希德勒的弟弟约翰·内波穆克·希德勒处抚养，当地传言又说他才是孩子的父亲。

无论血缘关系如何，约翰·内波穆克把阿洛伊斯当作自己的儿子看待，将他送入学校学习，并让他成为村里鞋匠的学徒。但是阿洛伊斯显然有更高的抱负，在 13 岁那年，他跑到了维也纳。那时，整个欧洲正处于工业经济的适应期，一个新的中产阶级正在形成，像阿洛伊斯这样的农民的孩子也有机会成为其中的一员，而这于上一代人而言是完全不可能的。对于生活在西接瑞士东至俄国的奥匈帝国里的人来说，发展的机会更是异常多。错综复杂的官僚体制就能为数千人提供向上爬升的机会以管理这个庞大而笨重的帝国。

阿洛伊斯是作为海关人员进入这个系统的。由于表现杰出，他不断地得到升迁，并于 1875 年当上了布劳瑙的海关专职检查员。这对于一个来自瓦尔德维尔特尔的孩子来说是个巨大的成功。对于阿洛伊斯所获得的成就，最感骄傲的莫过于将他抚养成人的约翰·内波穆克·希德勒。1876 年，年迈的约翰拜访了多勒斯海姆的教区牧师，要求将阿洛伊斯确立为他的哥哥约翰·格奥尔格·希德勒的合法后代。他和其他 3 位同伴都发誓说，约翰·格奥尔格（他和玛丽亚·安娜都早已去世）曾亲口告诉他们，阿洛伊斯就是他的亲生儿子。在经过非常不正规的手续后，教区牧师修改了阿洛伊斯的洗礼记录，使他成为希德勒家族的合法成员。但是这 4 个目不识丁的见证人并没有注意到乡村牧师按照"希德勒"有时使用的发音，把家族的姓错拼成了"希特勒"。这一过失也没让阿洛伊斯在意，他的新创造的名字反而成为一个中产阶级受人尊敬的重要标志，见证着他来之不易的资产阶级成员地位——尽管他有着混乱的家庭生活。

阿洛伊斯是一个玩弄女人的老手，在他结婚前就已经有了一个私生子。虽然他在 1873 年和一位上司的

10岁的阿道夫（最上面一排中间）在他小学的班级照里傲慢地凝视着前方，而他这种神气的自信很快就在中学的压力下烟消云散。

体弱多病年长他 14 岁的女儿结婚，但婚后不久，他就使他和妻子暂住的布劳瑙旅馆的 19 岁厨房女佣怀上了孩子。1883 年阿洛伊斯的妻子去世时，这个年轻的姑娘已经为他生了一个儿子，并怀上了他的女儿。阿洛伊斯迅速地和她结了婚，尽管那时他已经和养育他的姐姐约翰娜·希德勒的女儿、养父约翰·内波穆克·希德勒的外孙女克拉拉·波尔兹尔开始了不正当的关系。

克拉拉于 1885 年阿洛伊斯的第二位妻子死后成为第三任希特勒夫人。她是个文静的女孩，有着棕色的头发和一双令人吃惊的淡蓝色眼睛。她的生活并不幸福，她爱她丈夫的前妻留下的两个孩子——小阿洛伊斯和安吉拉，可她自己的 3 个孩子都夭折了，而她的丈夫——她称呼为阿洛伊斯叔叔的人几乎没给她多少安慰。他们家的一个朋友回忆起阿洛伊斯对待克拉拉和孩子们的态度时说："对他们来说，没有温和的对待，他的妻子根本找不到什么可以令她笑一下的事情。"

克拉拉的第四个孩子出生于 1889 年 4 月 20 日，一个阴暗的复活节前夜。这个被命名为阿道夫的孩子一生下来就体弱多病且非常烦躁，他的母亲尽心地照顾着他，并保护他不被他脾气暴躁的父亲伤害。在母亲那双敏锐的蓝眼睛的注视下，阿道夫成长为一个有着黑色头发和瘦削脸庞的男孩。到了 1895 年，他的父亲退休了，年满 6 周岁的小阿道夫进了哈费尔德村的小学。在这之后，他们一家经过几次搬迁，最后定居在林茨郊区的莱昂丁。作为一个脑子反应很快的学生，小阿道夫学习得非常轻松并取得了很好的成绩；在课外，他还是一个精力充沛的玩伴，痴迷于设计富有想象力的游戏，例如扮作英勇的德国士兵的吵闹战争游戏和受卡尔·麦小说启发的牛仔和印第安人的冒险游戏。（卡尔·麦是一个被定罪的伪造者和骗子，其笔下以美国西部为背景的耸人听闻的故事使他成为德国最受欢迎的作家之一。）

阿道夫的家庭生活谈不上一点儿的快乐，阿洛伊斯把他的家庭当作是一个军营并且从不吝惜使用棍棒。当他在场时，孩子们必须经过他的许可才可以说话，而且他坚持要被正式地称呼为"父亲先生"，而不是亲切的"你"。首当其冲受到这些压迫的小阿洛伊斯于1896年离家出走，留下他的弟弟妹妹们任由暴虐的父亲摆布。这样，家里的孩子除了阿道夫就只剩下了他两岁的弟弟埃德蒙和不到一岁的妹妹保拉。7岁的阿道夫继承了父亲一触即发的暴躁脾气和顽固不化的性格，两人之间的冲突是爆炸性的。多年以后，保拉回忆起当时他哥哥的反抗说："他的挑战使父亲变得极端严厉，结果是换来每天的一顿痛打。"从希特勒后来身上表露出的迹象上看，他父亲的粗暴对待让他沉浸在被压抑的愤怒和尚未成熟的复仇欲望中，而这正是一个遭受了毒打的孩子的典型后遗症。

1900年，阿道夫的弟弟埃德蒙死于麻疹，小阿道夫正满11岁。他进入了一所实科中学，这是奥地利的一所技术和科学中学，是人们普遍接受的进入工程等专业和行政机构中某些技术岗位的途径。阿道夫的学习生涯第一次遇到了严重的挫折。他的学习成绩非常差以至于不得不重修第一年的大部分课程，尽管这样他也只是勉强能通过考试。希特勒后来解释他在学校里的糟糕表现时说那是他故意这么做的，目的是反抗父亲的独断专行。阿洛伊斯希望他的儿子能进入政府部门工作，而年轻的希特勒却一心想成为一个画家。"我父亲被惊得哑口无言。'画家？不，只要我活着就不可能让你这么做！'他想要抹杀我学习绘画的任何希望。但我告诉他，如果他真这么做的话，那我就不再学习任何东西。"

希特勒的叙述有一定的真实性。由于老希特勒崇尚奥地利的公务员制度，他的儿子断然拒绝这种制度完全符合其性格。而同样真实的是，希特勒在学业上虽然可以做到轻松自如，但缺乏必要的自律，使他无法全心投入并掌握中学的苛刻课程。他的一位老师后来回忆说："这个憔悴的、脸色苍白的年轻人的脾气出了名地暴躁，而且任性、傲慢。他显然很难适应学校的环境。此外，他还很懒惰，对努力工作的热情消失得太快了。对于他人的忠告与谴责的反应是不加掩饰的敌意。与此同时，他还要求他的同伴们无条件地服从他，把自己想象成领导者。"

希特勒的新同学们显然对他非常冷漠，他的学校在林茨，离他曾在粗野的农村男孩当中称王称霸的莱昂丁村只有3英里的距离，却是两个世界。即便他最终能够引诱一些比他年龄小的孩子们参与他的牛仔和印第安人游戏，他与同龄孩子们之间的隔阂越来越大。他不再是最聪明、最有才华、无可置疑的领导者，而是一个越来越悲惨孤独的青年，在冷漠和敏感的外表下掩藏着深深的怨恨。他嘲笑他的老师们是"博学的类人猿"，并称他们唯一的工作就是压制与迫害像他这样聪明、有创造力的孩子。

唯一没有被希特勒所鄙视的是他的历史老师利奥波德·珀奇博士。他是个狂热的日耳曼民族主义者和活跃的地方政治家，曾任职于林茨镇议会。珀奇是奥地利泛德意志党激进的领导人格奥尔格·里特尔·冯·舍纳尔的忠实信徒。舍纳尔的运动和德国与之同名的组织有所不同，比起德国扩张其殖民帝国的需要，他更关心将所有日耳曼人统一在一个国家之下。他的目标是建立一个由日耳曼人统治的奥地利，使奥地利与普鲁士统治下的德国合并。

舍纳尔和他的追随者们极端崇拜德国的"铁血宰相"奥托·冯·俾斯麦，并鄙视统治奥地利的哈布斯堡家族平等地对待非日耳曼血统的族群。泛德党的成员们都是极端的反犹分子，由于害怕现代生活的无常与变迁，他们还拥护复克什（Völkisch）运动，渴望能有一个政治方案来把他们带回到建立在家园和土地的永恒真理之上的纯正日耳曼文化。

这种情绪在希特勒的学生时代十分普遍，但说德语的奥地利人对此产生了特别的共鸣，因为他们感到自己在使用多种语言的哈布斯堡帝国中是一个日益受到威胁的少数民族。在这种恐惧和不稳定的氛围中，珀奇教授的关于古代条顿人的图文并茂的讲座自然受到了特别的欢迎。希特勒在《我的奋斗》中写道："即使在今天，我还常常怀着温和的心情回忆起这位老人。他好像有一种魔力，能拨开千年的迷雾，把原本枯燥的历史记录活生生地展现在我们面前。"

然而，希特勒似乎并没有从他最喜欢的老师那儿获得启发去认真研究日耳曼历史。尽管他投入了足够的热情在这门课上，可他的历史成绩并不比其他科目的好。但是，珀奇的讲座为这位被人们疏远的年轻人的幻想生活贡献了一个重要元素，他越来越倾向于退回到他的想象中去，以逃避他专横的父亲和他学业上的失败。与此同时，年轻的希特勒吸收了极端民族主义者的态度和措辞，大声地表露自己对"日耳曼主义"的忠诚。反哈布斯堡家族的情绪是奥地利泛德意志主义不可缺少的一部分，这一事实增加了它的吸引力，为希特勒提供了另一种对付他的父亲———一位忠实的帝国仆人的办法。

这种情绪与另一种进入希特勒生活的重要影响出奇地吻合。12岁那年，他观看了一生中第一次歌剧演出，剧目是理查德·瓦格纳的《罗恩格林》。充满血和火的壮观的歌剧场景点燃了希特勒心中对作曲家及其作品毕生的热爱。事实证明，瓦格纳的作品比阿道夫的想象力

这是希特勒最喜爱的歌剧——理查德·瓦格纳的《罗恩格林》中的场景：灵魂圣洁的骑士罗恩格林正和他心爱的姑娘埃尔莎告别，去寻找圣杯。希特勒非常喜欢这个古代条顿武士的故事，以至于他记住了所有的剧本内容。

更能将这个男孩带入原始日耳曼传说中戏剧性的梦幻世界——个充满神秘气息、史诗般的冲突、屠龙、异教性行为、背叛与救赎的国度。在林茨歌剧院黑暗的前排座位上，他可以把自己幻想成齐格弗里德或帕西法尔，一位注定要来领导他伟大人民的英雄般的日耳曼勇士。

然后，在 1903 年 1 月 3 日，这个 13 岁男孩的真实生活发生了戏剧性的转折。那天早上，阿洛伊斯去了他最喜爱的小酒馆，但他刚喝了一口酒就倒卧在了地上，在医生到达前，胸腔出血已经夺去了他的生命。

希特勒后来说，父亲的死使他们家陷入了极度的贫困。然而事实上，阿洛伊斯给他的妻子和孩子们留下了足够的生活保障。除了他的抚恤金外，阿道夫和保拉每年还可以领到一笔生活补助。另外还有现金遗产和莱昂丁的房子，克拉拉在 1905 年卖掉了他们的房子，为她充裕的资本储备又增加了一笔钱，随后她把他们的家搬到了林茨的一所出租公寓里。

那年秋天，16 岁的阿道夫在学业上仍无多大的起色，他离开学校时没有拿到升入更高学府所必需的毕业证书。从学校出来后，他拒绝了一切让他工作的努力，开始通过阅读、写生、做白日梦来为自己选择的艺术生涯"做准备"。在母亲和小妹妹的伺候下，他像一个年轻的绅士一般悠闲地过着日子。他每天要睡到中午才起床，整个下午也都在闲逛，到了晚上他会穿戴整齐地出门，拿着一根象牙尖的乌木手杖，独自在林茨的主街上漫步，瘦弱、苍白，显露出青春期的不安与年轻人的自命不凡。

　　唯一对这位装腔作势的公子哥和"未来的艺术家"印象深刻的是一个同样孤独的男孩，名叫奥古斯特·库比席克，他们是在一家歌剧院为了争夺一个站位而认识的。"古斯特尔"（库比席克的昵称）白天在父亲的装潢店工作，是个有上进心的年轻音乐家，同时也是一个天真的孩子，他看到希特勒第一眼时就无法抵抗其出众的魅力。库比席克在很多年后写道："他属于那种很特别的人，是我在比较'膨胀'的时刻自己想成为的那种人：一个艺术家，鄙视那些只为赚取面包和黄油的工作，而把自己投入到写诗、素描、绘画和戏剧中去。"不过，库比席克的父母对儿子新交的这位特别的朋友并不热心。库比席克太太在与希特勒第一次见面后说："你朋友有着怎样的一双眼睛啊！"虽然古斯特尔也承认希特勒是个很难相处的朋友，缺乏幽默感，喜怒无常，而且占有欲极强，但是他说自己甘心受希特勒的支使，认为这只不过是参与其极具诱惑力的宏伟计划所必须付出的小小的代价。

　　除了观看歌剧外，散步成了这对好朋友最大的乐趣。他们每天下午和晚上都花很长的时间来散步，直到第二天凌晨两三点。希特勒会用他的独白把他的朋友给迷住，尤其是重建林茨的构想。"走在街上，眼前的东西总会激怒他。"古斯特尔回忆道。他说希特勒经常会

在某一建筑物前停下并对它的各个
方面进行批评，然后激动地在绘画
簿上画出他自己的设计图样。每当
讲究实际的库比席克小心翼翼地问
起他的朋友如何实现他的这些计划
时，希特勒总是很不耐烦地将他的
疑问撇在一边。"他坚信他那宏伟
的计划总有一天会实现。"

　　某天晚上，当他们照例在街上
散步时，阿道夫突然抓住库比席克
的胳膊并指着不远处一个优雅地走
在母亲身旁，衣着时髦、身材苗条
的金发姑娘说："你必须知道，我
爱上她了！"由于希特勒过于羞怯，
所以不敢直接去接近这个姑娘。他
托付库比席克在他的学生和音乐界熟人中打听这个姑娘
的情况。古斯特尔很快就告知希特勒，她的名字叫斯特
凡妮，并且拥有一副女高音的好嗓子。这对于希特勒来
说已经足以使他把这个姑娘视为他最欣赏的瓦格纳歌剧
中的女英雄，他说他凭本能就早已知道。

　　用库比席克的话来说："斯特凡妮完全填满了阿
道夫的思想，他所说的、所做的或对未来的计划都以她
为中心。"希特勒为她写了很多诗，憧憬着他们的婚礼，
并花费了大量的时间为她设计一所房子。尽管他从未与

画像中年轻的女
士就是希特勒迷恋的
斯特凡妮。她当时并
不知情，而几年后，
当她获知实情，被希
特勒的痴情惊呆了。
这时她才意识到以前
收到过的一封奇怪的
信一定是希特勒写给
她的，当时她只知道
这封信是一个仰慕她
的人写给她的，告诉
她将在他完成艺术学
院的学业后去娶她。

这个姑娘说过一句话，但他坚信她有着与他同样的感觉。他宣称道，像他们两个这样独特的人是不需要通过一般人的方式来交流的，他们凭直觉就可以理解对方。

希特勒始终坚信他对斯特凡妮的爱，即使在他很嫉妒地看到她和年轻的军官们交谈时也不例外。他试着将她的这种行为解释为是对他爱意的一种隐藏。当然她身边的这些男士们确实深深地困扰着他，于是他决定以绑架她的方式来"拯救"她。古斯特尔的劝告成功地阻止了希特勒这个不切实际的计划，但他没想到的是，他的朋友又策划了一个更为疯狂的行动，一场戏剧性的双重自杀，即与斯特凡妮并肩沉入多瑙河。

这些令人不安的幻想的无辜对象一直都蒙在鼓里，因为希特勒从未贯彻过他年轻时的计划，无论是斯特凡妮还是其他事情。他从未将他的建筑草图转化为成品图纸。尽管他自称对政治感兴趣，但他从未参加过当时激烈的党派政治活动。他狂热的城市规划，他的音乐评论，他对世界现状的抨击——全都止步在了他唯一的忠实听众的耳朵里。

也许希特勒在那些日子里唯一所做的把他的设想变成现实的事就是去买了一张彩票。他自认为肯定可以中奖，于是他为自己和库比席克选定了一间大公寓，并在想象中以"精致的个人品味"装修它。他说他们的新居将成为艺术爱好者的活动中心。他们将雇佣一位上了年纪的高贵女士来管理这个沙龙，接待经过他们挑选的思

想崇高的客人们。而这
两位有才能的年轻绅士
将定期前往维也纳去参
加讲座和音乐会。到了
夏天，他们将去德国旅
游，去拜罗伊特参加一
年一度的瓦格纳音乐节。

彩票开奖的那天，希特勒知道中奖者并不是他时，
简直气疯了。"首先他愤怒地指责国家彩票，称这是官
方有组织地对容易上当的民众的剥削，是对温良公民的
一种公开的欺骗。然后他又把怒火转向了国家本身，这
个由哈布斯堡家族联姻建立的怪物。除了两个可怜人被
骗去了身上最后几个克郎，还能指望什么别的可能呢？"

50年后，库比席克推测，这位少年时代的朋友在这
一场合以及其他场合下无法控制的愤怒，反映了一种深深
的、无法慰藉的不快乐。"他看到处都是障碍和敌意，"
仍然充满同情的古斯特尔写道，"也没有人听说过他。有
时我甚至为他感到遗憾。凭借毋庸置疑的天赋，他本可以
过上多么幸福的生活啊；而他却给自己制造了多大的麻烦
啊！他总是和一些事情作对，与这个世界格格不入。"

希特勒继续走着他漫无目的的道路，为斯特凡妮
神魂颠倒，不安地编织着他的幻想，但改变现状的压力
越来越大。克拉拉已经对她难缠的儿子的未来深感忧虑，
她的家人和女婿——安吉拉的丈夫莱奥·劳巴尔敦促她

"我一直十分努
力地学习，直到深夜
2点，甚至是3点。"
希特勒在从维也纳寄
给他朋友奥古斯特·
库比席克（上图）的
明信片上写道（1908
年库比席克在林茨度
过了夏天）。几年前，
当希特勒第一次拜访
维也纳时，他寄过一
些明信片给库比席克
分享他的印象。其中
有歌剧院内部的（希
特勒将其描写成黄金
和天鹅绒装饰"超
载"）（右上），以
及艺术历史博物馆武
器收藏馆的（右下）。

把阿道夫赶出安乐窝，让他去谋生。随后，孩子们的监护约瑟夫·迈尔霍费尔找到了一个愿意收这个乖戾的年轻人为学徒的面包师。

这样的前景深深震骇了希特勒，他不顾一切地想要逃离。他曾于1905年时在维也纳待了两星期，从那时起，他就梦想着能在那里学习艺术。他恳求他的母亲让他到首都的美术学院去学习。到了1907年夏天，克拉拉终于抵制不住儿子的热切恳求，她允许希特勒从奥地利的抵押银行取出他从父亲那里继承的所有财产。这足以让他支付美术学院的学费并支撑他一年的生活。那年9月，希特勒离开了林茨。

希特勒充满自信地来到了这个世界性的大都市——维也纳。他立即就参加了美术学院的入学考试，不幸的是没有被学院录取。他顿时感到一阵头晕目眩，把这称为"晴天霹雳"。他要求学院院长对此做出解释。"那位先生向我保证说，我提交的画作表明我并不适合从事绘画工作，我应该去建筑学院学习。"但是希特勒不能进入建筑学院，因为他没有高中毕业证书，而显然他也没有想到可以回到中学去取得一份毕业证书。于是，他只能百无聊赖地游荡在维也纳街头，让家人相信他已经被美术学院录取了。直到1907年12月21日他母亲去世的时候他才回了家。母亲的去世对希特勒是个沉重

在这张大约1900年拍摄的照片中，18世纪卡尔教堂（模仿罗马的圣彼得大教堂而建）的圆顶高高在上，俯瞰繁华的维也纳。

梦碎之城

这座城市曾是阿道夫·希特勒希望实现他年轻时梦想的地方。他有一次写道："维也纳留给了我一生中最悲伤的回忆。"1907年出于对帝国首都灿烂文化的景仰，这个年轻的林茨男孩来到了维也纳，但他很快发现在迷人的外表下只有幻灭。在两次被艺术学院拒收后，希特勒成为一个艺术家的雄心破灭了。他只有靠出售自己画的明信片才能勉强维持生活。绝望的阿道夫把失败的所有责任都推给了别人，这位心怀怨恨的年轻人开始责骂外国人和犹太人。随着绝望的加深和贫穷的迫近，希特勒把仇恨扩展到几乎各个社会阶层的维也纳人身上。他的一位朋友写道："他越来越深地沉迷于自我批评中。然而只要有一点小小的触动——就像轻轻打开电灯一般，他的这种自责就会转化为对时代和世界的谴责。"

的打击，因为克拉拉对儿子不加批判的爱一直是希特勒脆弱的情感生活的唯一可靠支撑。他们的家庭医生后来写道，在他的职业生涯中"还从未见过像阿道夫·希特勒那样悲痛欲绝的人"。

希特勒已经无法再在林茨待下去了，除了他对母亲的去世极度悲伤之外，还因为他的亲戚和讨厌的妹夫都以尖刻的目光打量他，并刨根问底地责问他在维也纳的学习情况。到了1908年2月，当他母亲的遗产分配完毕，12岁的保拉也在劳巴尔家安顿下来后，希特勒又回到了维也纳。当月晚些时候，库比席克和希特勒会合，进入了音乐学院学习。他们两人住在施廷佩尔加塞街一间租来的房子里，这是一条嘈杂的廉价商店街，离慕尼黑到巴黎的快速列车的中继站维也纳火车西站不远。

在他的余生中，希特勒把在维也纳逗留的日子视为一生中最不愉快的时光。他在《我的奋斗》中写道："对我来说，这座享乐主义的城市的名字代表着5年的苦难与艰辛。在这5年中我不得不为生计而奔波，这种贫穷的生活甚至都不能满足我每天吃一顿饱饭的需求。"

不过，在那些日子的头两年里，希特勒根本不用动一根手指头来挣钱，因为他可以领取孤儿抚恤金直到他24岁，只要他隐瞒自己的求学状态，一直保持合法的学生身份。这笔抚恤金加上他母亲的遗产可以使他每个月有80～100克朗的收入，这足以让他过一种简朴的生活，并满足他每天晚上看歌剧的爱好（仿佛可以在

希特勒在整个维也纳社会中寻找替罪羊（从右边这张开始顺时针展示）。打扮入时的年轻情侣只是让他想起在林茨追求一位年轻女孩的不成功经历。对于维也纳的犹太人，这位未来的元首写道："难道有任何形式的猥亵和放荡，尤其是在文化生活上，会缺少至少一个犹太人参与其中吗？"先锋派画家们更像是破坏性的享乐主义者，而不是日耳曼文化的传播者。在希特勒看来，皇帝的士兵们仅仅是垂死帝国的小道具而已。自从皇帝弗朗茨·约瑟夫给予了非日耳曼人以平等的权利后，帝国的灭亡更加快了。斯拉夫女仆们是外国人对纯正雅利安血统的威胁。而坐在出租马车上的中产阶级主妇是对希特勒匮乏生活的一种刺激。他的室友写道："无论朝哪儿看，他的眼中只有不公平、憎恨和敌意。"

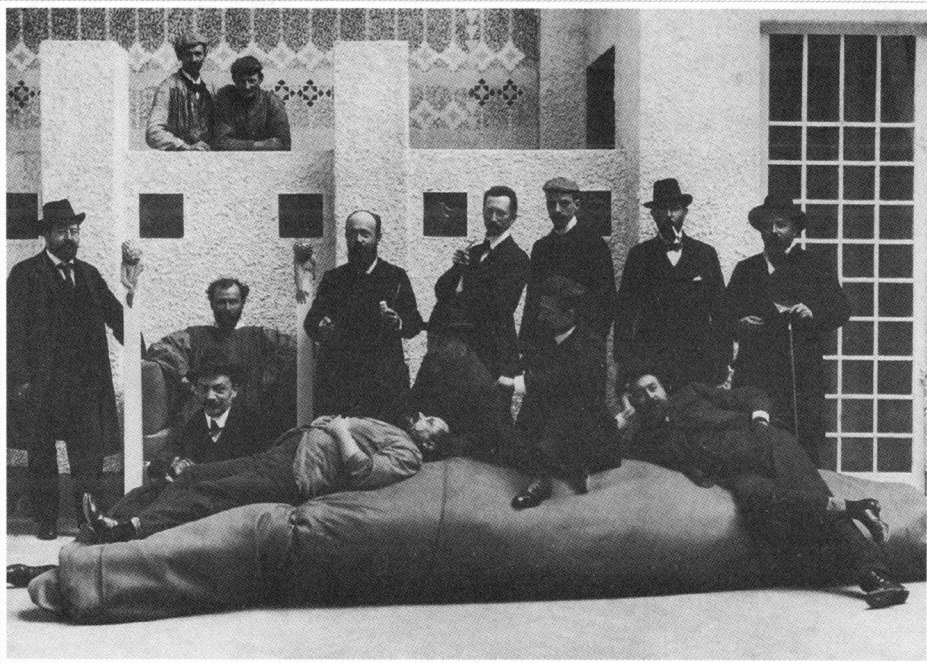

音乐和壮观的场景中麻醉自己）。

在白天，希特勒在街上焦躁不安地踱步，只是偶尔会走进公共图书馆根据一时的兴致读点什么。在对所谓世界缺陷的关注的驱使下，他设计了异想天开的计划，试图来补救这些缺陷。他发明了一种无酒精饮料，草拟了改革学校机制的计划，还写了几本内容冗长的攻击地主和官僚的小册子。他还画了多幅剧场、城堡和展览厅的草图，并试图创作一部歌剧。

库比席克非常了解希特勒的情绪和想法，他对这位好朋友的疯狂举动非常担忧。"我对于我们在维也纳的头些日子有一个印象，那时阿道夫好像失去了平衡。他为一点小事就会大发脾气，他心中的仇恨使他窒息，他将怒火倾泻在每件事上。他好像对全人类都怀有敌意，认为他们不理解他，不欣赏他，并且迫害他。"在一段时间里，希特勒甚至向古斯特尔撒谎说他在学校读书。当他终于向他的室友承认他被学校拒绝时，他进行了一场十分可怕的长篇激烈演说。"他脸色铁青，嘴非常小，嘴唇泛白，但是一双眼睛熠熠生辉。那里面有一种邪恶的东西，他那闪烁的眼睛似乎要喷出他所有的仇恨与怒火。"

1908 年 9 月，当库比席克回林茨老家时，希特勒再次鼓起勇气向美术学院递交了入学申请。但是他此次呈交的作品被认为太差了，连参加入学考试的资格都没有获得。由于无法向他唯一的朋友承认这又一次的失败，

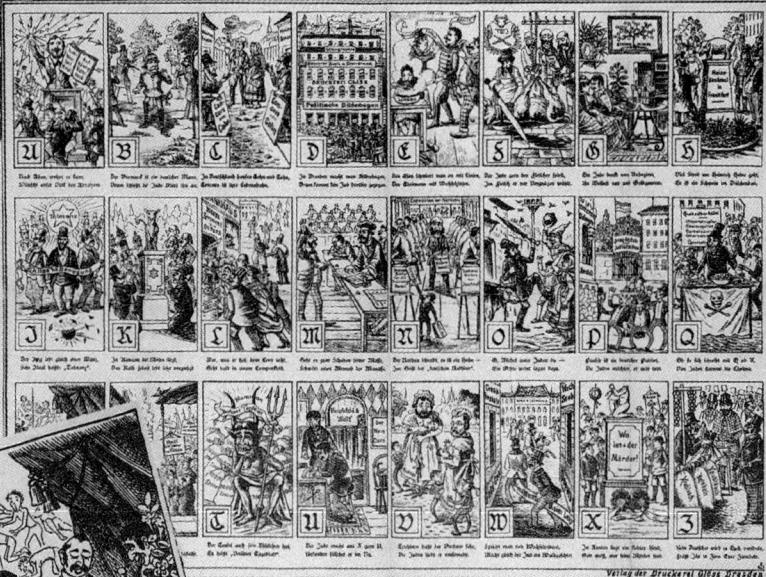

Politischer Bilderbogen №8.

Juden-A-B-C.

In Rußland herrschet Hungersnoth,
Der Rothschild frißt sich noch mal todt.

这张漫画名为《犹太人ABC》，是希特勒年轻时期广泛流传的反犹宣传的典型例子，它侮辱性地列举了所谓的犹太种族特征。比如用"R"表示的这张图，描述的是罗斯柴尔德银行世家的一位成员在吃牡蛎："在饥饿横行的俄国，罗斯柴尔德大快朵颐。"

希特勒搬出了他们租的公寓，消失在这座城市里，没有留下可以找到他的地址。

希特勒搬进了位于维也纳西南的费尔伯大街22号，这里的寄宿公寓比较便宜。他的钱正在不断地减少，但也足以使他维持到第二年。在那些日子里，他并没有试图去找一份工作来养活自己，而是继续过着没有学校的学生生活。

孤独、漂泊的希特勒开始认真地寻找他失败的原因，除了他自己的缺点。最重要的是，他需要一个可以指责的敌人，而他没花多长时间就找到了一个。他在《我的奋斗》中有这样的记述："有一天，当我一个人在大街上散步时，突然遇到一个穿黑色长袍，留着黑色鬈发的幽灵。我的第一个想法是：这是个犹太人吗？我谨慎地偷偷观察这个人，但是当我盯着这张外国面孔细细查看其各种特征，我的第一个疑问就有了新的形式：这是个日耳曼人吗？像往常一样，我依靠书本来解答我的疑问。于是，我花了几个海勒（奥匈帝国硬币）就买到了我一生中第一本反犹太的小册子。"

希特勒在他这个决定性的新的学习领域中有大量的著作可供其选择，因为维也纳显然是当时欧洲反犹色彩最浓的城市。自19世纪中叶起，犹太人就掀起了一股从过于压抑的帝国东部向首都迁徙的移民潮。1857年到1910年间，维也纳的犹太人人口比例从两个百分点增加到8个百分点，远高于其他任何一个中欧城市。

日耳曼民族已经感受到非日耳曼人的威胁，他们对于犹太人的大量涌入感到恐惧和憎恨。他们尤其反感这些移民的东方习俗和服饰风格。对许多维也纳人来说，这些新居民明显的异类外表似乎支持了当时流行的论点，即犹太人在生物学上与日耳曼人是不同的物种。这种谬论的突然出现就如19世纪的科学花丛中冒出的一株毒草，为反犹太主义提供了种族基础，而这种对犹太人在经济和宗教信仰方面的偏见已经存在了几个世纪。根据复克什运动煽动者的说法，犹太人是从沙漠起源的种族，他们智力干枯，精神贫瘠；而另一方面，据说日耳曼人则起源于青葱翠绿、薄雾笼罩的森林，所以是直觉的、浪漫的、思想深邃的种族。在这种刻板印象下，犹太人被认为对日耳曼人民怀有固有的敌意。更有甚者，另一个靠不住的 19 世纪科学流派——社会达尔文主义坚持说，所有的种族都是在与其他种族的竞争中得以生存的。说德语的奥地利人怀疑地注意到犹太人在银行、教育和新闻等行业中占据的优势，并得出他们是在蓄意破坏日耳曼文化的结论。

种种迹象仿佛都预示着一场重大的阴谋，那就是犹太人参与了对日耳曼人的价值观、经济和种族完整性的多管齐下的攻击。到了 19 世纪末，这一理论已经深深扎根于说德语的奥地利人思想中，并且在社会各个阶层都有其忠实的追随者。反犹太组织开始大量涌现，"反犹太主义"成了从舍纳尔领导的泛德意志党，到占据主导地位、由受民众欢迎的维也纳市长卡尔·卢埃格尔领导的基督教社会党等敌对政治组织的相同战斗口号。

希特勒所知道的反犹太和社会达尔文主义的知识主要来自维也纳的黄色小报，这些报纸在 20 世纪初将当时的种族主义潮流集中到了仇恨文学的洪流中。在他新的住所附近的一家烟草商店里，希特勒买了一份叫《奥斯塔拉》的低俗杂志，这是一个名为"新圣殿"的秘密社团的官方出版物，它的创办者是个前西多会修士，名叫阿道夫·兰茨，还有个听起来更高贵的称呼叫格奥尔格·兰茨·冯·利本费尔斯。他居住在上奥地利的一座破损的城堡里，在那里他领导着一群对星座和日耳曼神灵（包括日耳曼的春之女神奥斯塔拉）进行神秘的吟唱的狂热信徒。

根据兰茨的说法，人类的存在是围绕着两个群体之间的致命冲突展开的：英勇的金发、蓝眼的雅安人和卑劣低下的"黑暗种族"，包括黑人、斯拉夫人和犹太人等。他们在《奥斯塔拉》中一律被描写成多毛的像类人猿一般的次等人，残暴、狡猾，还有过于旺盛的性能力。《奥斯塔拉》中充斥着这样的色情故事，如金发女郎落入了黝黑猿人的魔爪，被黝黑猿人肆无忌惮地玷污。在激烈的对性的描写中，还掺杂了许多神秘学内容，包括数字命理学和古日耳曼符咒。《奥斯塔拉》的书页中到处可见古代北欧文字标记与古代传说中的符号，其中就有带钩的十字，即万字符"卐"。

尽管兰茨那一套离日常事务太远了，无法为希特勒提供完全令人满意的哲学，但为另一本更有针对性的小册子的作者——吉多·冯·利斯特指明了道路，他是一个名为利斯特协会的组织的领导人。兰茨认为日耳曼文化事实上正受到全面的威胁，但利斯特则把注意力集中在"难以根除的国际犹太阴谋"上，认为它是日耳曼的死敌，并为打败它开出了详细的处方。

利斯特写道，需要一场伟大的世界大战来彻底地歼灭那些他所描述的"毁坏风俗、信仰和社会的混血杂种"。他说，要发动这样一场大战的前提是要建立一个强大、血统纯正的国家——雅利安帝国。利斯特还大致勾勒出这个帝国的蓝图：这个帝国将被划分为几个行政区，每个行政区都有一个行政长官，他们都要向最高元首秘密宣誓效忠，而这位最高元首就是神圣的雅利安法律的化身。这个新帝国将制定出一部特殊的婚姻法以防止种族混杂，并且每个家庭都要保留一本"血统系谱"——一种详细描述每个家庭成员种族背景的血统证明簿，在需要时供政府官员检查。其他法令要压制那些低等民族，强迫他们成为奴隶。利斯特叫嚣道："只有作为主人的雅利安－日耳曼人才能享受公民权，那些劣等种族将全部被排除出有影响、有权威的位置。"

总的来说，兰茨和利斯特即使以战前维也纳恶毒的种族主义标准来看，也被认为是极端的。尽管《奥斯塔拉》在奥地利和德国拥有广泛的读者群，但是它的爱好者大多是处于社会边缘的人，例如像当时希特勒这种落魄、潦倒的生活在社会底层的人，他们在城市的外围租着便宜的房子，迷失，默默无名。"新圣殿"和利斯特协会的这些发行物的伪科学风格，连同其色情元素，对秘密仪式和符号的强调，以及它对复杂社会弊病的极端解决方案的倡导——所有这些对倾向于怀疑世界上的问题有某些隐秘的解释的受众来说，都有着难以抗拒的吸引力。

对于正在和自身问题做斗争的希特勒来说，发现一个对一切事情产生着影响的隐秘的犹太人阴谋，让他兴奋不已。一下子，每一次失败和挫折都得到了一个简单而令人放心的解释。他贪婪地阅读着兰茨和利斯特的作品，甚至亲自找到兰茨那里以获得《奥斯塔拉》的过刊。

与此同时，希特勒还注意到一个受欢迎的德国作家西奥多·弗里奇，他被出版商赞誉为"反犹太主义的创造者"。在希特勒到达维也纳并成为他的读者之一时，弗里奇的《犹太人问题手册》已经被翻印了26次之多。和兰茨、利斯特一样，弗里奇也相信犹太人正和天主教徒、共济会及耶和华见证会一起密谋统治世界，他还为此提出了许多令人瞠目结舌的所谓的证据。

弗里奇罗列了一长串犹太作家、出版商、音乐家和画家的名单，用此来论证他的观点，那就是他们正在集体腐蚀德国文化。他还收集了犹太人在医生这一职业上占多数的统计数据，警告说，德国孩子们的健康正受到严重的威胁。《犹太人问题手册》还声称要证明犹太人犯有的罪行，系统地列出了一个几百人的犹太人名单，并声称这些人在过去的一个世纪中对德国国内发生的主要犯罪事件负有不可推卸的责任，这些罪行包括谋杀、强奸、叛国和伪造。弗里奇梳理了著名历史人物著作中的反犹太言论，并将几十条种族主义语录归因于塞涅卡、塔西佗、伊拉斯谟、路德、腓特烈大帝、伏尔泰、歌德和爱德华·吉本等思想家。

对希特勒来说，弗里奇的手册是一个宝库，他一遍又一遍地翻来翻去，寻找所谓的事实信息，除了他的小册子和杂志外，这本《犹太人问题手册》是希特勒在维也纳最主要的学习文本。他是如此喜欢弗里奇，以至于在1931年，他为该手册的新版本写了一篇献词，赞扬它的作者提供了足够的"事实证据"来证明犹太威胁确实存在。这本书在希特勒掌权后成为德国学校的官方认可读物。

不过，格奥尔格·兰茨·冯·利本费尔斯和吉多·冯·利斯特的作品在后来纳粹德国的思想生活中的处境就没那么好了。尽管一页又一页《我的奋斗》读起来就像对《奥斯塔拉》中的问题的简单转述，而第三帝国，甚至它的纳粹标志，都与新圣殿和利斯特协会的形式及仪式如出一辙，但希特勒一心想把自己描绘成国家社会主义的唯一缔造者，永远不会承认他的两位重要导师对他的巨大影响。

事实上，只有一个人曾被希特勒坦率而彻底地承认对自己的生活和思想产生了重大影响：理查德·瓦格纳。从学生时代听到《罗恩格林》开场旋律的那一刻起，他就已经拜倒在了这位作曲家的脚下。他在1930年时曾对一记者说："对我来说，瓦格纳是神圣的，他的音乐就是我的信仰，我去听他的音乐会就像其他人上教堂一样。"激发这种偶像崇拜的不仅仅是瓦格纳对日耳曼神话激动人心的歌剧演绎。希特勒也同样地被这位作曲家在种族、政治、艺术和信仰上的观点迷住了。人们并不清楚希特勒第一次接触到瓦格纳的文章是在什么时候，但是在他的青年时代，这些文章在奥地利随处可见，他经常漫无目的地从事各种研究课题的维也纳市立图书馆里也收藏了这些作品。最终，他夸口说他拜读过这位大师的所有作品。

瓦格纳不仅是个多产的音乐家，同时也是个多产的作家。虽然他的音乐带有天才的高贵印记，但他的散文与兰茨、利斯特、弗里奇等人如出一辙地源自仇恨。作为一个狂热的日耳曼民族主义者，瓦格纳是19世纪种族反犹主义和达尔文主义学说最为明确和直接的倡导者之一。他认为自己对这些理论的巨大贡献在于他独特的能力，即以他作为创作天才的权威身份来断言犹太人缺乏创造伟大的音乐、文学和视觉艺术的能力。

在他的家乡拜罗伊特，瓦格纳出版了一本反犹期刊来致力于建立一个纯正的日耳曼国家。《拜罗伊特文稿》的读者们从中了解到，历史上所有高贵的推动者都是雅利安人；而文明的衰落都是因为遭到了犹太人和其他外来种族的污染。救赎的关键在于一位伟大领袖的出现，他将建立一个种族纯洁的社会，并实现"日耳曼民族的复兴"。瓦格纳还鼓吹要奴役那些所谓的劣等人，认为优等种族支配和剥削劣等种族"在自然意义上是相当合理的"。

不过希特勒好像并不满足于从这么可敬的人那里得到对自己观点的如此响亮的确认，他还从这位拜罗伊特的大师那里获得了其他方面的灵感。瓦格纳把自己视作每一个可想象得到的领域的权威，从日常饮食和身体锻炼到莎士比亚和黑格尔。作为一个素食主义者，他热心地致力于动物福利，但同时对人类的苦难漠不关心。在希特勒的一生中，他在这些方面都学习和模仿瓦格纳，就像他在政治上所做的一样。他说："我对瓦格纳的心理历程有着最亲切的了解，在生命的每个阶段，我都会诉诸瓦格纳。"

希特勒的这种不正规的学习在1909年年中被中断了，在他年满20岁后不久，他从父母那里继承的遗产就全花完了。每个月的孤儿抚恤金不足以支付寒碜食宿的开销，当夏天转入寒冷多雨的秋天，他有很多夜晚都是蜷缩在公园的长椅上度过的。圣诞节前，疲倦的希特勒来到了城郊的梅德林区，在一个由维也纳慈善协会资助的无家可归者的洞穴式收容所门口加入了一长串穷困潦倒的男女的行列。它代表着最后的底线，是那些已经完全绝望的人们所能依靠的最后的避难所。疲倦、饥饿的希特勒默默地坐在他的织带床上，破旧的衣服被收容所用来消杀寄生虫的化学药品弄得斑驳不堪，可怜得甚至连其他的流浪者都同情他，试图去帮助他。

在一个名叫赖因霍尔德·哈尼施的流浪汉的激励下，希特勒重新振作起来，写了封信到家里去要钱。他的一位姨妈立刻就寄给了他50克朗。这两个人马上就离开了收容所并搬进了市区另一头的一家比较舒适的男子旅社。有了这笔钱后，两个人开始做一些小买卖。希特勒照着照片上的维也纳风景画一些水彩画明信片，哈尼施则负责把这些画卖出去，卖画得来的钱两个人平分。这种合作关系取得了一定的成功，直到在一场纠纷中，哈尼施因希特勒指控遭到了他的欺骗而被逮捕。那时，这位年轻画家的作品已经获得了一定的市场需求。从 1911 年到 1913 年，希特勒作为艺术世界边缘的小商人，或多或少地进行着系统性的生产。他的开支非常少，仅足以维持他的日常生活。不过，现在的他又有时间来重新开始自我教育，以新的热情再次投入到他的论战小册子和期刊上。"那些过去我从没见过的数以千计的新奇事物深深吸引了我，而其他那些给过我精神上支持的东西我现在已经可以领会和把握。"希特勒后来骄傲地叙说着他那些年在思想上的奋斗。

希特勒宣称，就是在那个时候，他才真正了解到犹太人对所有生活领域真正的影响到底有多大。在媒体上，他"察觉到了一种外国人的口音"；在街头，他认识到了犹太人是卖淫和拐卖妇女为娼的"无耻和精于算计的导演"。他说，最后当他得出犹太人是马克思主义的煽动者和赞助人的结论时，他终于恍然大悟。

与此同时，希特勒开始以新的眼光观察当代政治。他发现，现存政党中没有一个拥有精确的意识形态要素组合足以赢得他的拥戴。所以他宁可从政治思想的光谱中挖掘他认为有趣或有用的元素。泛德意志主义的民族主义、复克什运动纲领为希特勒提供了一个基本的政治构架。维也纳市长卢埃格尔是个非常注重实际的政治家和一个具有超凡魅力的领袖，他巧妙地运用了人们的反犹情绪来达到自己的政治目的，塑造了一个成功的煽动型政治家的典范。甚至社会民主党也教会了希特勒一些东西，那就是让他充分认识到了群众党组织的重要性和宣传的不可缺少性。希特勒在《我的奋斗》中写道："在几年时间里，我就这样为自己创造了至今依旧支撑着我的知识基础。那段时间里，我形成了一幅世界图景和一种意识形态，这为我的行为打下了坚实的思想基础。我唯一要做的就是在当时所学的基础上加上一点知识，而不需要去做任何的修改。"

希特勒哲学的核心就是反犹主义和对种族与个人不平等的信仰。围绕着这一核心，他又加上了一堆相关的观念和偏见：对独裁政体的偏爱、对民主原则的蔑视，以及对马克思主义和国际主义的敌视。他说："马克思主义的犹太信条拒绝自然的贵族原则，以多数人来取代权力和力量的永恒特权。"

这种态度和思想的集合还没有形成焦点，但所有元素在1913年初希特勒到搬德国之时就已经就位。在叙述离开维也纳的原因时他说："我内心对哈布斯堡家族统治的这个国家的憎恶与日俱增，那里到处是捷克人、波兰人、匈牙利人、鲁塞尼亚人、塞尔维亚人、克罗地亚人,还有始终作为人类社会溶解剂的病菌——犹太人。对我来说,这所有的一切都是那么的令人厌恶。"但他没有提到另一个迫使他离开的原因是他一直回避的一项义务。根据奥地利法律,当他年满 20 岁时必须到军队去登记服役。但他并没有这样做,而且在以后的 3 年中他对每年报到应遭的要求也不予理睬。由于从未被追查过,所以他理所当然地认为自己已经逃脱了义务兵役。他认为到了 1913 年 4 月当他年满 24 岁时,奥地利征兵局对他的未来将不再有发言权,他可以安全地离开奥地利而不受政府当局的追捕。

1913 年 5 月 24 日,希特勒收拾起自己不多的财物,只提了一个手提行李箱,便动身来到了慕尼黑。他一下火车,踏上巴伐利亚首府的土地,立时就呼吸到附近的山风所带来的清新空气,这让他感到像在家乡一般。他深深地陶醉其中:"这座城市给了我家一样的感觉,好像我已经在这里生活了很多年了。啊,一座德国城市,与维也纳是多么的不同啊!"

希特勒在一家裁缝铺楼上找到了住处。第二天他就买来了颜料和画架,开始了他的工作。不过他很快发现慕尼黑的商业艺术市场要比维也纳小得多,他唯一能出售自己作品的途径就是挨家挨户地推销,或是在啤酒馆里兜售。但即使这种屈辱,也没能打消他的热情。希特勒在这座瓦格纳写下了《特里斯坦与伊索尔德》《纽伦堡的名歌手》和《莱茵的黄金》的城市里过着艺术家的生活，没有什么能使它神奇的光辉黯然失色。慕尼黑永远是他最喜爱的城市，在这里，他第一次体会到了"真正内在满足的幸福"。

希特勒一直保持着这种愉快的情绪，直到1914年1月一个星期天的下午他被慕尼黑警察逮捕。他们带着奥地利当局的命令，要他立即到林茨的征兵局报到。他被告知，如果他被发现离开奥地利逃避征召的话，将会被起诉。

面对真正的牢狱之灾，希特勒害怕了。第二天，他在警卫的看管下被带到了奥地利领事馆，这时的希特勒已经处于崩溃的边缘。他不停地颤抖着，以至于连领

1914年8月2日，希特勒挤在慕尼黑音乐厅广场的人群中聆听德国的宣战宣言。一位摄影记者偶然拍下了他欢天喜地的样子。希特勒后来描述这一瞬间道："在暴风雨般的狂热的感染下，我双膝跪地，以一颗激情满溢的心感谢上天。"

事都十分地同情他，他在希特勒写给林茨征兵局的一封
既绝望又满是阿谀奉承之词的乞求宽恕的信上加了个附
件，表示了对希特勒的宽容。领事还安排了这个仍在发
抖的逃避兵役者就近到萨尔茨堡报到，而不是较远的林
茨。两周之后，希特勒出现在了征兵局，并接受了身体
检查。检查结果是："不适合战斗及其辅助性活动，
身体太虚弱，无力携带武器。"

在前线服役期间
希特勒佩带的椭圆形
金属片，证明他是巴
伐利亚第16预备步
兵团第一连的成员。
1916年冬，养伤期间
的希特勒携带的军队
通行证表明他被指派
到巴伐利亚第二步兵
团服役，返回前线之
前，他在慕尼黑执行
比较轻松的任务。

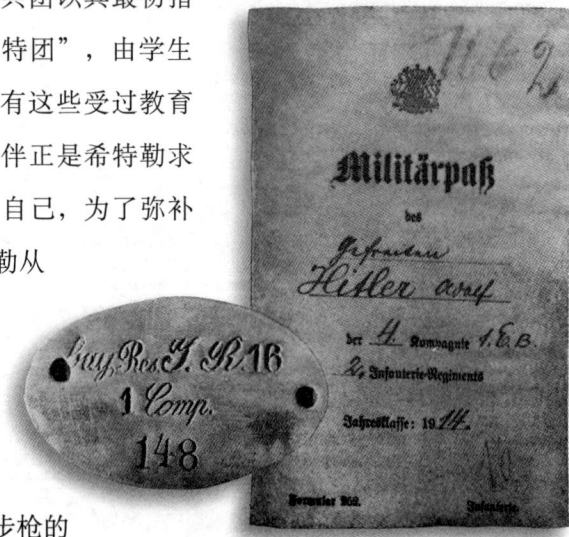

　　他返回了慕尼黑，在这之后的5个月里仍靠卖画
来勉强维持生计。直到6月28日，哈布斯堡王朝的继
承人弗朗茨·斐迪南大公遇刺身亡，引发了一场世界大
战。希特勒在德国对法国宣战之日自愿请求加入巴伐利
亚军队服役，尽管他那时还是奥地利公民。结果他如愿
地进入了第16巴伐利亚预备步兵团。

　　希特勒所在的这个步兵团以其最初指
挥官的名字命名为"利斯特团"，由学生
和年轻的专业人士组成，有这些受过教育
的上层年轻德国人作为同伴正是希特勒求
之不得的。他决心要证明自己，为了弥补
自己体质上的虚弱，希特勒从
一开始就投入了极大的
热情到所有与军事有关
的事物中去。在基础训
练的第二天，另一个新兵
这样描述他见到的拿着新步枪的

希特勒下士消瘦而憔悴，胡子打上了蜡，两头尖尖，他僵硬地站在步兵团的两位战友和一个吉祥物旁边。他后来说："我非常热爱当兵"认为这场战争是"我一生中最棒、最难忘的时光"。

希特勒："他高兴地看着手中的枪，就像一个女人看着她的珠宝。"

这个团第一次投入战斗是同年10月的第一次伊普尔战役，在这里，英国军队击退了德军的全力进攻，阻止了德国人想要突破到佛兰德斯的英吉利海峡海岸的企图，这次交战就是历史上有名的"伊普尔无辜者屠杀"。希特勒在给他慕尼黑房东写的一封信中报告说，他所在这个团的兵力在四天内就从3500人减少到了600人。

伊普尔战役的失败终止了德军的攻势，标志着4年堑壕战的开始。希特勒此时已成为团里的通信兵，在前线和团指挥部之间传递重要文件。这是件危险的工作，但适合他孤独的性格，他以勇气和模范的热情履行了自己的职责。在1914年12月，他由于勇敢而受到表彰，荣获二级铁十字勋章。到了1918年，他得到了更高的嘉奖，被授予一级铁十字勋章，这对一个普通士兵来说是罕见的荣誉。事实上，人们对希特勒是如何获得这些荣誉的一直不很清楚，团的记录里面没有提及他的功绩，而希特勒本人也从未提供详细情况，这可能是因为提议给予他荣誉的是个犹太人——团里的副官胡戈·古特曼。尽管如此，这是他有生以来第一次获得真正的杰出成就的嘉奖，他非常激动。在德国人最看重的战场上赢得了荣誉，这就更棒了。后来，这些勋章被证明对身为奥地利人的希特勒的事业至关重要，赋予了他一种精神上的德国公民身份，为他参与德国政治提供了合法性。

希特勒喜欢军队，现在他已经无可争议地成为其中一员，分享着一个他从小就崇拜的伟大而骇人的机构的威望。这是他一生中第一次有了目标和方向，也有了一个组织，在唤起了他的庄严感的同时，为他的不安提供了一个出口。他从未有过这种完全回到了家的感觉。他的一位上级军官写道："对希特勒下士来说，利斯特团就是他的故乡。"总的来说，他和其他的士兵们相处得很好，尽管他们认为他有几分古怪。他和其他人不同，很少写信和收到信，也不关心女人，而且不像普通士兵那样发牢骚。当他说出自己的担忧时，表达的是对背叛的怀疑和对无形敌人的焦虑。他的一位战友说："他是个怪人，活在自己的世界里。"

1918 年 10 月，第 16 团返回到伊普尔地区。当希特勒正站在战地厨房时，英军的氯气弹击中那里，他由于暂时失明被送到了波美拉尼亚的医院。正是在那儿，11 月 11 日，他听到了德国投降的噩耗。他写道："我跟跄地摸索着回到病房，倒在床铺上，把火烧般巨痛的头深深地埋进枕头和毯子里。"他哭得非常伤心。他不能理解这突如其来的打击，就像他当年被美术学院拒收一样，他的惊愕不亚于当年他母亲的死。他在回想起此事时说，这是他一生中最关键的时刻，也是伟大的政治觉醒的时刻。希特勒说："如果没有这次考验，那么可能没人会猜想得到，这个乳臭未干的男孩会成为一个英

雄。命运之锤将我打倒在地，但又将我锤炼成钢。"然
而，在德国投降的时候，希特勒只是麻木了，因为他不
知道将来该怎么办，他将去哪儿。希特勒写道："接下
来是可怕的白天和更糟糕的夜晚，我知道一切都完了，
只有傻瓜、骗子和罪犯才会希望得到敌人的宽恕。在这
些日子里，我心中的仇恨不断地增长，我憎恨那些必须
为此事负责的人。"

一个边缘艺术家
的肖像

"考试作品差强人意，不予录取。"
这是 18 岁的希特勒在 1907 年申请上维
也纳美术学院学习时，校方做出的结论。
不过，在以后几年中买希特勒画的人对
他的能力还是颇为赞赏的。从 1910 年
起，希特勒和流浪汉赖因霍尔德·哈尼
施一起开始了绘制出售明信片的生意，
以商业艺术家的身份维持生计。希特勒
的生意仅能勉强满足他的日常生活，显
然这更多地是由于他缺乏干劲，而不是
天赋。到了 1911 年，他那令人恼火的
混时度日的工作态度激怒了哈尼施，导
致了二人合作关系的决裂。

那时，希特勒已经从画明信片扩展到
了绘制更大的作品，目标是维也纳两个最
大的廉价画市场：画框制造商和家具商。
前者经常把画框与画一同出售，而后者则
制作一种流行风格的沙发，在沙发背面的
装饰上嵌入一幅画。希特勒稳定地做着室
内装潢业供货商的工作，直到 1913 年他
为了逃避奥地利兵役而搬到了慕尼黑。在
那里，他一家家地去推销他的作品，并绘
制了几十幅当地婚姻登记处的画，新婚夫
妇走出登记处时，他把这些画作为纪念品
卖给他们。希特勒的职业画家生涯随着战
争的爆发而结束了，但他在军队里仍未停
止作画，他用大量素描和水彩画记录下了
他的战地印象。

希特勒未受 20 世纪初横扫艺术世
界的现代主义潮流的影响，他的作品风
格僵化保守。由于对建筑的兴趣，他很
擅长画街景，常常是从其他画作上临摹
的。除了他画得很差的人物，其他的成
品即使缺乏灵气却也还算合格。一位艺
术评论家曾在未被告知作者身份的情况
下被要求对希特勒的作品进行评论，他
说这些画总体上"相当好"，不过这位
专家指出，卡通化的人物形象暴露了一
种根本上的"对人的不感兴趣"。

这是在 1905 年左右，
当希特勒的艺术雄心燃烧得
最旺盛时，他的同学为他画
的一张素描。画中初留起纤
细小胡子的希特勒是一个清
瘦、笨拙的青年。

121

希特勒早先的一系列作品

希特勒大约 13 岁时画的一幅他初中老师的漫画，明显表达出他对老师的不尊敬。

1901 年，12 岁的希特勒画的一幅戴着头盔的中世纪武士素描，可能是从一本书上临摹下来的。

这幅田园水彩画是希特勒在 1907 年申请进入维也纳美术学院时提交的作品之一。

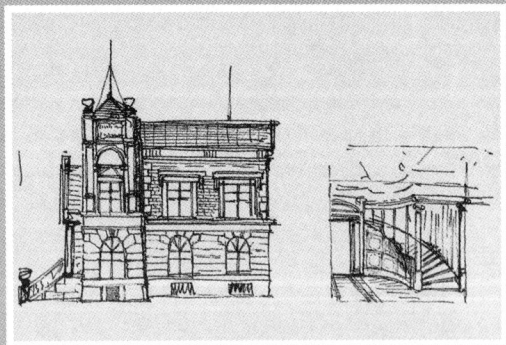

奥古斯特·库比席克在 18 岁生日时，希特勒送给他的生日礼物。这两幅草图是希特勒许诺终有一天会为库比席克建造的文艺复兴式样的别墅。

对建筑物
的偏好

　　希特勒显然是依照旧的平版画来描绘18世纪圆顶的霍夫堡皇宫和邻近的城堡剧院的。

这幅水彩画画的
是希特勒最喜欢的
主题之一，俯瞰维
也纳环城大道的国会
大厦，充分体现了希
特勒在建筑绘画上的
才能。

这是1911年左右
画的维也纳中世纪地
标——苏格兰门。希
特勒尴尬的人物描绘
给画面增加了一分笨
拙的味道。

拉茨镇或者说老鼠镇是维也纳一个拥挤、贫穷的角落，直到19世纪
它才被清理干净。希特勒在这幅画中描绘了这片街区翻新后的状态。

这幅 1914 年的水彩画描绘的是在弗拉芒小镇韦茨哈特附近的一条下沉式小巷旁挖出的一个掩体。

这是 1916 年希特勒画的法国里尔郊区的欧布尔丹村的景色。他在这个村的肉铺里住了几个月。

这是一幅 1916 年的步兵铅笔肖像画。画中展示了那年装备德军部队的新钢盔。

希特勒的这幅在比利时前线画下的贝瑟拉勒镇的水彩画描绘了被炮火毁坏的城镇和哥特式教堂。

126

选自一名士兵的素描本

"向科米讷进军!"希特勒在这幅描绘他所在的排在佛兰德斯一条泥泞的路上行军的钢笔素描上潦草地写下了这句话。画中每个人都被标上了姓名,希特勒在左起第三位。

127

3. 命运已定的共和国

横扫德国的革命热情在 1918 年的 11 月 9 日达到了最高点。德皇威廉二世宣布退位的消息传遍了整个德国，柏林的市民走上街头跳舞欢庆。喝醉了的士兵不再听从长官的命令，纷纷朝天开枪，即使是最精锐的普鲁士军团也由于其一贯的"忠诚"而冲进首都，却拒绝使用武力来恢复秩序。工人们进行了总罢工，成千上万的人挥舞着布尔什维克主义的血红旗帜，向市中心挺进。一位军官后来写道："当时的柏林被分裂、放肆和混乱主宰着。"

然而，在国家政府内部，正在进行着一场有秩序但又非常规的过渡。就在德皇退位的决定作出几分钟后，一个由国会议员组成的代表团来到了首相府。在一次简短的会晤中，巴登亲王马克斯虽然缺少宪法授权，但是基于对这场危机的明智应对，他将政权交给了社会民主党领袖弗里德里希·艾伯特。艾伯特承诺将会依据现有的宪法来执政，并将召开立宪会议来考虑战后德国政府的形式。

47 岁的艾伯特尽管贴着社会主义者的标签，但并不是一个激进分子。这个海德堡的一位裁缝的儿子曾是个马具商和酒馆老板，他看上去像个谦逊的商人而不像

1918 年 11 月革命的参与者们为 4 年战争的结束和魏玛共和国的诞生而脱帽欢呼。在起义十周年纪念日，这张照片登上了德国杂志《人民与时代》的封面。

个强有力的政治家。然而他是个非常有技巧的谈判者，同时也是个热情的爱国者，一个君主政体的坚定拥护者。他的两个儿子在战争中也为之牺牲了。事实上，他仍希望建立一个英国式的君主立宪制，也许让皇帝6个儿子中的一个当摄政王。他相信这是唯一一个可取代他所憎恶的革命的方案。他说："我一点都不想参与其中，我像憎恨罪恶一样憎恨革命。"

但事实证明革命热情的力量比艾伯特的意愿更强大。当天下午，正当这位新任总理和他的同事们在国会餐厅里吃着一顿清汤午餐时，一群士兵和工人冲了进来。闯入者恳求艾伯特的副手菲利浦·谢德曼（该党最知名的演说家）向外面聚集的人群讲话。他们说，在几个街区外的皇宫里，马克思主义者已经取得了控制权，即将宣布成立苏维埃政权。这对谢德曼来说已经足够了，他和艾伯特一样，讨厌布尔什维克主义。

为了在布尔什维克占据上风之前驾驭这场失控的革命，谢德曼冲到窗户前伸出头去俯视着国王广场。在广场上民众的欢呼声中，他简短地谈到了战争的结束、德皇的宣布退位以及艾伯特被选为新任总理。然后在高涨的情绪的激励下，他喊道："新政府万岁，德意志共和国万岁！"艾伯特震惊无比，他咆哮道："你没有权利这么说！德国的命运必须由立宪会议来决定。"但一切为时已晚，谢德曼已经宣告了存在了近半个世纪的帝国的灭亡以及一个共和国的诞生。已经没有回头路了。

1918 年 11 月 10 日早晨，德皇威廉二世（中间穿着毛领大衣者）在比利时边境等待火车，他将被终生流放。沮丧的助手们在他周围踱步。

艾伯特从震惊中恢复过来以后，成立了一个 6 人临时委员会，在立宪会议选举前管理新共和国。这个类似于内阁的小组包括艾伯特、谢德曼和另一个社会民主党人，以及原来与艾伯特共事，现属独立社会党的 3 个人。独立社会党是在两年前由于反对战争而从社会民主党中分离出来的，它比艾伯特及他的同伴们更为激进。他们倡导重工业立即社会化，并赋权全国各地涌现出的士兵和工人委员会。

　　撇开这些哲学上的冲突不说，新的共和国政府面临着重大的障碍。他们必须恢复稳定的秩序，振兴处于崩溃边缘的经济维持一个在联合封锁制裁下就要垮掉的国家，并为了寻求和平而进行谈判。此外，德国的新领导们还不得不以某种方式灌输和培植政治民主的概念。德国人民不仅仅缺乏参与民主的实践经验，而且还反感被托马斯·曼嘲笑为"政治病毒"的党派间的必要妥协。虽然君主政体已经不复存在，但旧观念与支撑它们的系统依然稳固：帝国军队、政府官僚机构以及易北河东的容克地主和鲁尔区的工厂主。后来有人贴切地将其描述

1918年12月11日，战败的德国士兵以胜利者的姿态列队穿过勃兰登堡门（左上图）。乐队在演奏，围观者在树梢上欢呼（右上图）。人们更愿意相信他们不是被打败了，而是被出卖了。

为"这场没有革命者的革命", "产生了一个没有多少
共和主义者的共和国"。

艾伯特所面临的问题的本质被政府的第一项事
务——正式结束战争戏剧性地体现了出来。在 11 月 11

日凌晨 5 点，共和国成立两天后，一位德国平民的代表人马蒂亚斯·埃茨贝格尔在法国贡比涅森林的一节火车车厢里与协约国签订了停战协议。6 小时后，交战双方停止了对抗。

随着停战协议的签订，新生的共和国成了绝望、失败和屈辱的象征。不过德军司令部并未被人们所憎恶，因为其军队在停战时基本完好无损，这是协约国没有给过他们任何决定性的打击。此外，美国总统伍德罗·威尔逊拒绝处理被他称为德国的"军事主宰者"的人。这些情况将滋生出一种危险的幻觉：军队并没有在战场上被打败，而是被国内的"颠覆"分子——和平主义者、自由主义者、共产主义者、犹太人和对新共和国负有责任的社会主义者——从背后捅了一刀。

陆军元帅保罗·冯·兴登堡是这个神话中最典型的人物。他写道："像齐格弗里德一样，我们倦怠的前线部队在被野蛮人哈根歹毒的长矛重挫后全线崩溃。"他后来作证说："尽管敌人在人力物力上占有优势，但如果军队和国内的那些人之间有坚定一致的合作，那么我们本可以使这场斗争取得一个有利于我们的结果。"

事实上，总理艾伯特也帮助传播了德国不可战胜的神话。12 月 11 日的早上，从法国和比利时返回的军团在林登大道（"菩提树下大街"）上列队行进，肩扛步枪，旗帜飘扬，音乐奏响。在勃兰登堡门顶高高的胜利战车下，艾伯特骄傲地欢迎回家的士兵。他说："我向你们致敬，你们从战场上不屈地归来了。"总理只是想向军队表示敬意和鼓励,但他的话实际上免除了总参谋部对战败的责任,并而谴责了他自己的革命共和国。不久以后,德国将会看到刚刚以崩溃告终的军国主义的强力复苏。

从一开始,艾伯特对左的担心就大于右。他和他的同事们惊恐于在俄国发生的布尔什维克革命。他们担心在整个德国如雨后春笋般冒出的士兵和工人委员会会像在俄国一样夺取政权。他害怕独立社会党的激进派,或者更糟的是斯巴达克团的马克思主义者会夺取委员会的控制权,并向政府发起挑战。由此产生的暴力冲突可能会颠覆共和国并招致密切关注着局势的协约国的武力干涉。

为了维持秩序,艾伯特和帝国军队最高司令部缔结了秘密联盟,协议在他上任后动荡的第一天即 11 月9 日晚上谈判达成。艾伯特在他的总理办公室里来回踱步,听着示威者的喊叫,仔细揣摩着他阴暗的前景。这时,桌上的电话铃响了,这条线是直接连接着总理府与比利时斯帕的陆军总部的特殊线路。电话那边传来了兴登堡的新副手威廉·格勒纳将军的声音。格勒纳将军在当天早些时候直截了当地通知皇帝军队已不再向其效忠,从而迫使德皇做出了退位的决定。现在,富有心计的格勒纳非常想和新生的共和国做一笔交易。这件事很快就办完了,确认电报从柏林直达斯帕。艾伯特以向布尔什维克发动进攻和保留传统的军官队伍为条件换取了格勒纳最高指挥部将支持其维持秩序的保证。格勒纳后来写道：
"从那时起，我们每天晚上都在秘密的电话线上讨论必
要的措施。"

艾伯特和总参谋部的协定很快就受到了考验。12
月中旬，由民意代表组成的全国代表大会在柏林召开。
虽然艾伯特的社会民主党占了议会中的大部分席位，并
拒绝了无产阶级专政的要求，但是，对旧军队出来已久
的对立情绪非常强大，很难控制。尽管艾伯特提出了反
对意见，但代表们仍以压倒性的票数通过了解除最高指
挥官的职务并减少军官团的权力，甚至废除正规军的决
议。他们想把现在的军队用志愿兵的形式来替代，在
这样的部队里不实行军衔制，士兵们可以选举出自己的
长官。

根据他与将军们的协议，艾伯特只能无视这些激
进的决议，兴登堡没有给他以任何回旋的余地。陆军元
帅向格勒纳说道："你可以转告艾伯特，我拒绝承认国
会通过的关于我们军官的行政权力的决议。我将用在我
权力范围内的一切手段反对它，我不会允许我的肩章或
佩剑被夺走。军方会支持政府，并且期待政府履行其保
留军队的承诺。"

艾伯特的不作为激怒了他的内阁伙伴——独立社会
党人，他们立刻开始煽动柏林的士兵委员会。委员会的一
个声名狼藉的附属机构由一群纪律涣散的水兵组成，被称
为人民海军师。这些人自革命伊始，就占领了皇宫和马厩。

弗里德里希·艾伯特于 1919 年 2 月被任命为临时总统，他正大步迈向不确定的未来。马具商出身的艾伯特无力驾驭新生的德意志共和国去应对挑战。

表面上他们是为了保护共和国，但实际上却是为了在皇宫的地窖里畅饮美酒，带着女朋友一起享受皇宫的奢华。

当这些水兵提出只有支付给他们 125000 马克，他们才离开皇宫的要求时，艾伯特支付给了他们这笔勒索的赎金。接着他们又要求再给 80000 马克，被艾伯特拒绝，他们怒不可遏。12 月 23 日，这些水兵包围了艾伯特的总理府，切断了电话，并且挟持了几个市府官员作为人质。可还有一根电话线没有被切断，那就是艾伯特与最高司令部的秘密连线，当时司令部已移至德国卡塞尔市。艾伯特拨通了这个电话，向军队求助。

第二天也就是圣诞节前夜的清晨，一支装备着轻型火炮，从波茨坦出发的大约 800 人的普鲁士骑兵卫队开进柏林。那时，政府已和叛军达成了协议，1200 名哗变水兵退到了皇宫的院子里。即使这样，骑兵们也接到了上级的指令，向那些激进的叛军开火。战斗进行了两个小时，被围攻的叛军已经准备投降了。突然，一群敌对的平民涌入了广场，包围了骑兵，一切陷入了混乱。普鲁士卫队没有向包括了妇女和儿童在内的人群开火，曾经骄傲的他们扔下武器，逃走了。

平安夜之耻使得军官团和艾伯特政府结成了更为紧密的联盟。5天后，独立社会党人辞去了在艾伯特政府里的职务，他们的职务立刻被艾伯特党里的其他成员取代了。其中最值得注意的是艾伯特的老朋友，他在国会的同僚古斯塔夫·诺斯克。诺斯克被任命为国防部长，负责组建一支能够保护陷入困境的政府的武装力量。

诺斯克在国家安全问题上的强硬立场在社会民主党人中很少见。他曾做过屠夫，还在帝国军队里担任过士官。1906年当选国会议员后不久，他就成为该党的军事专家。在君主制的最后岁月里，作为马克斯亲王在基尔的军事长官，他对水兵叛乱事件的处理为他赢得了军官团的赞赏。他身材紧凑而强壮，常常无情地动用武力。"总得有人来当猎犬，"他在第一次内阁会议上说，"我是不会逃避这种责任的。"

这位新部长从来没有怀疑过他将不得不依靠军官团的力量来维持秩序。但是军队的来源仍然是一个问题。平安夜的灾难证明了两种力量明显是不合适的——代表士兵和水兵委员会的民兵组织，以及军队本身的剩余部分。民兵部队既可能是敌人，也可能是盟友。自12月回国以来，大量征召的军队已经基本解散。到1918年的最后几天，军队的兵力已经非常匮乏，以至于在整个柏林，军队只能依靠不超过 150 个人的有效正规军来保卫政府所在地。

不过，还有第三个选择。在新年刚刚来临时，也就是 1919 年的 1 月 4 日，诺斯克和艾伯特一起开车去了军队的营地，位于柏林郊区的佐森。在结了冰的阅兵场上，他们检阅了梅克尔志愿步枪队，一支装备精良的 4000 人的队伍，他们以完美的队形接受了检阅。这支部队以其创始人路德维希·冯·梅克尔将军命名，是被称为"自由军团"的一种引人注目的新型军事组织的最早代表之一。

自由军团是由志愿者组成的纪律严明的部队，志愿者主要来自被解散的旧军队。曾任第 214 步兵师司令的梅克尔在 12 月初得到最高司令部的许可后，只用了 3 个月，就组成了现在的这支部队。最高司令部给梅克尔的这支部队提供军饷、食物、制服和装备，并鼓励其他军官以他为榜样。成员从复员军人、狂热民族主义者、军事投机者到失业青年，规模从一小撮人到几乎一个团，这样的部队正在德国各地迅速组织起来。

一般情况下，原来正规军中级别较低的军官甚至一个中士都积极地建立起了这样的部队，并且以自己的名字命名。在所谓的"元首原则"下，自由军团的指挥官要求士兵绝对地服从上级指示。"元首原则"来自战前的青年运动，在战争期间被精英突击队奉为圭臬。士兵们把他们的指挥官称为元首，还把他当作所有军人美

扭曲的梦想

1918年12月，在政府军队的一次进攻中，一枚炮弹击中了柏林的帝国马厩。一支600人的水兵部队正在这里抵抗政府军的攻击。水兵们来到柏林是为了保卫年轻的共和国，但却留在这里劫掠并狂欢作乐。

震惊的市民们看着在清除占领皇宫和马厩的哗变水兵的战斗中留下的残垣断壁。在平安夜漫长的交火之后,曾经骄傲的德军残部放弃了战斗,这表明他们已无力维持秩序。

德的化身来崇拜。

几乎没有新兵是出于对新共和国的忠诚而加入自由军团的。事实上,所有的军官和大部分士兵都憎恶共和国。一个记者问最早的自由军团指挥官之一威廉·莱因哈特上校,他是不是曾经说过政府是乌合之众,还把黑、红、金相间的国旗说成是犹太人的抹布时,他高高兴兴地承认了。"我毫不讳言自己是个君主制主义者。天哪!如果一个人忠心耿耿地为他的国王和他的国家服务了30年,他就无法突然说:'从明天开始,我就是一个共和主义者了。'"

除了君主政体,自由军团的士兵还颂扬民族主义和军国主义,对共产主义、社会主义、民主和犹太人表

现出了一种冷酷的敌意。他们为自己是无政府主义者而
感到骄傲，把自己称为"国土佣仆"或"海盗"。这些
人后来成为破坏和摧毁共和国的先锋力量。实际上，后
来几乎一半的纳粹党的领导者都是自由军团的老兵。

但是，古斯塔夫·诺斯克在佐森检阅时并不知道
这一切。他需要这些部队，而他们也让他受宠若惊：军
队从未以列队接受检阅的方式给予文官如此高的军事荣
誉。"你现在可以松一口气了。"在他们开车回柏林的
路上，诺斯克对艾伯特说："一切都会好起来的。"两
天后，政府正式地承认了自由军团，并且呼吁所有健全
的德国男性自荐入伍。到5月中旬，大概有40万人加
入武装。凤凰涅槃了。

对于诺斯克来说，共和国的保护者在关键时刻出
现了。动荡笼罩着柏林，距离立宪会议的选举不到两周，
首都似乎很容易被布尔什维克接管。大部分麻烦是由斯
巴达克团的极左激进分子酝酿的，他们的名字源于古罗
马的角斗士和奴隶起义的领袖。在俄国胜利的鼓舞下，
斯达巴克团希望建立一个苏维埃化的德国。在柏林年终
的国会上，他们正式断绝了和独立社会党的最后关系，
并重组为德国共产党。

虽然目标坚定，但党的两个领导人在策略上却存
在分歧。卡尔·李卜克内西（其父威廉曾是社会民主党
的创始人之一）支持立刻武装夺取政权。但是出生于波
兰的杰出马克思主义理论家罗莎·卢森堡则建议要谨慎。

她觉得整个党派还是太弱了，要寻求更多的民众的支持，甚至还要参加即将到来的国家选举。但激进的代表大会把她的意见撇在了一边，代表们投票抵制选举，要求立即采取行动。

机会在这之后一个礼拜不到的时间里到来了。1月4日——也就是诺斯克和艾伯特检阅梅克尔的部队的同一天——政府解雇了柏林的警察局长埃米尔·艾希霍恩，一个支持左翼的独立社会党人。共产党人于是谴责"艾伯特的暴政"，与独立社会党人一起呼吁举行大规模的示威游行——几天之内，示威活动引发了与自由军团的战斗。梅克尔的志愿步枪队和其他部队从柏林外的营地赶来，以残忍的方式应对这一紧急情况，后来这成了他们的标志。1月17日，柏林的一切都结束了，共产党人被残酷地镇压了，他们的领导人李卜克内西和卢森堡在被捕后被残忍地杀害了。

虽然艾伯特和他的同僚们"很可能得到的比他们预料的更多"，英国报纸的一位通讯记者如此描述，这场对柏林布尔什维克的镇压达到了政府直接的目的：扫除了1月19日的立宪会议选举的障碍。超过80%的选民，包括第一次参加选举的妇女，都为脆弱的德国民主投下了令人鼓舞的信任票。大约75%的选票被投给了3个比较温和、支持共和政体的党派的候选人：社会民主党、民主党和天主教中央党。

柏林的一些激进分子仍然在蠢蠢欲动，于是艾伯

扭曲的梦想

在柏林大街上散步的德国共产党主要领导人罗莎·卢森堡。1919年1月，她被自由军团士兵枪杀，尸体被扔进了柏林的一条运河。

罗莎·卢森堡的
战友卡尔·李卜克内
西在选举之前的德国
共产党和右翼自由军
团的交战中被逮捕,
然后遭到殴打并被
枪杀。

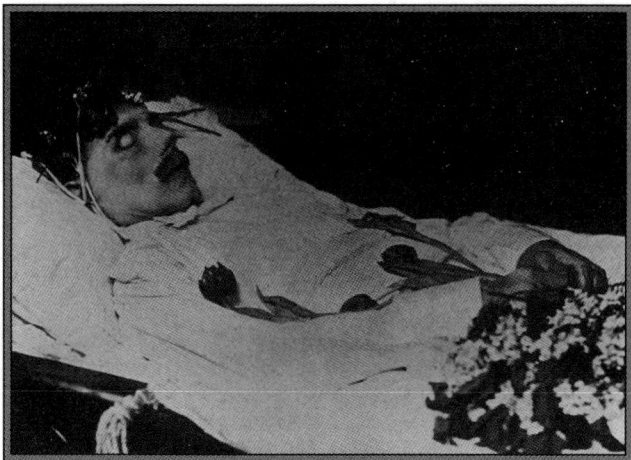

特把国民大会移到了魏玛,位于首都西南150英里处的一个相对偏僻的小城。它比柏林要容易防守得多,是德国自由主义的圣地,也是伟大诗人歌德和席勒的故乡,于是在历史上就有了魏玛共和国这一称呼。会议是于2月6日召开的,来自梅克尔志愿步枪队的7000名士兵把会场保护得固若金汤。会议立即选举艾伯特为德国的第一任总统。接下来,他推举自己的老同志菲利浦·谢德曼为总理,但是因为社会民主党的票数只有38%,还不到半数,所以授权他与民主党和中间派组成联合内阁。

当立宪会议开始艰难地起草新宪法时,1919年的整个冬季和春季,零星的叛乱爆发了。在德国各地的城市,从不来梅到慕尼黑,从穆尔海姆到德累斯顿,共产党人和他们的盟友试图通过召集总罢工和宣布成立地方苏维埃共和国来破坏魏玛的进程。而诺斯克作为"猎犬",

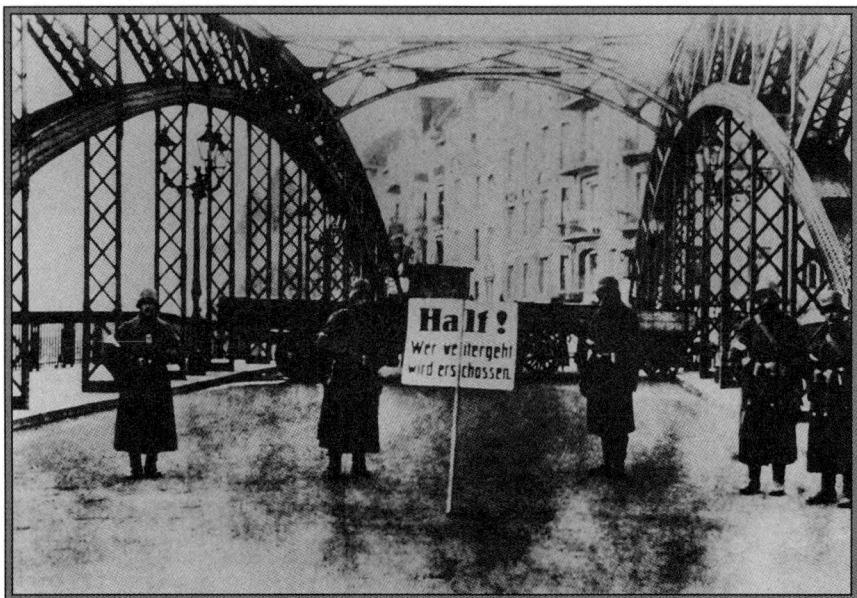

通过派遣令人生畏的麻烦解决者，即自由军团的部队来恢复秩序。

"国土佣仆"们为有这样的战斗机会而自豪。"战斗是他们生命的全部内容和意义，"海因茨·奥斯卡·豪恩施泰因，一名组建了自己的志愿部队的年轻士官写道，"除此之外都没有任何意义。他们所热爱的只有战斗。艰苦、残酷、无情的战斗。"

最血腥的一次爆发始于3月3日的柏林，卷土重来的共产党人突袭了城市东部的32个警察局。面对大约15000名叛军，诺斯克集结了42000名配备了大炮、火焰喷射器甚至坦克的自由军团士兵。叛军被赶到利希

气势汹汹的士兵封锁了柏林的汉萨桥。他们身前的告示牌上写着："再向前者格杀勿论！"1919年3月，自由军团的到来引发了共产党组织的大罢工。

146

滕贝格郊区，战斗有所缓和。但随后碰巧传出了关于针对利希滕贝格警察的暴行的错误报告，促使诺斯克在3月9日发布命令，当场射杀"任何持有武器反对政府军的人"。有了这张狩猎许可证，国土佣仆们肆无忌惮起来，不分青红皂白地乱打了四天。当怒火终于平息，有包括无辜旁观者在内的近1500人死亡。

5月初，自由军团的部队镇压了慕尼黑的一个红色政权并实施了他们自己的"白色恐怖"，一种疲惫的平静笼罩了德国。仅仅五个月前，共和国的领导人甚至在自己的办公室里都感到不安全。现在，由于自由军团的无情高效，这个国家暂时安定了下来。

自由军团士兵在俯瞰勃兰登堡门的阳台上用机枪瞄准林登大道。1919年3月，在街头巷战中，1000余人被杀，戒严令一直持续到了年底。

　　随着国内混乱威胁的消退，德意志共和国的一个新
危机又出现了。从一月份开始，战胜国的代表一直在巴
黎开会，起草一份永久的和平协议。德国人料想会为输
掉这场战争付出沉重的代价，但仍不是毁灭性的代价。
他们中本来就很少有人认为自己应该为发动战争而负责。
无论如何，这个国家已经抛弃了战时的君主制政体并将
自己重塑为一个西式的民主国家。在他们的领导人的鼓
舞下，德国民众希望和平条约会深植于威尔逊总统在他
1917 年著名的"十四点计划"的演说中支持的和解精神。
实际上，大多数的人都相信德国自愿地放下了武器来响
应——尽管稍微有点迟了——威尔逊总统的提议，而一
个德国南部的小镇在欢迎他们的部队回来时，还打出了
这样的标语："欢迎回来，勇敢的士兵们，你们已经完
成了自己的任务，上帝和威尔逊会把它继续下去的。"

　　所以当 5 月 7 日，协约国发布《凡尔赛和约》草案时，
德国民众震惊、沮丧的反应也就不足为奇了。《凡尔赛
和约》的条款，一开始就是关于军事的，似乎它的目的
是要把一个骄傲的国家降到三流地位。这一和约限制了
军队只能有一个志愿部队，军官只能有 4000 名，士兵
只能有 96000 名，而且不能有组织的后备部队。和约还
禁止部队有飞机、坦克和其他攻击性武器，而且还要废
除德国的军事传统，包括总参谋部、战争学院和军官学
校。同时，德国海军也被限制了人数，军官和士兵一共
15000 人，只能有一支以巡逻船为主的象征性的舰队，

其中最大不能超过 10000 吨，不能有潜艇。协约国的巡
视员会到德国各地巡视检查，监督现有武器的销毁，强
制执行和约的规定。

这些条款也严重地侵害了德国的地理和物质资源。
和约规定除了没收德国在非洲和其他地方的所有殖民地
外，德国本身还要交出战前领土的 13% 和将近 600 万
人口。在西面，从 1871 年德国就开始接管的阿尔萨斯
和洛林，将归还给法国。一些更小的边界地区归属于比
利时和丹麦。德国莱茵河以西的地区，亦即莱茵兰，要
被协约国占领 15 年。这一地区和莱茵河以东 30 英里宽
的地带将被永久非军事化。在东面，工业发达的上西里
西亚被割让给新成立的波兰。更重要的是，波兰将获得
波森省和西普鲁士的一大部分。后者将为波罗的海提供
新的波兰走廊，把德国和东普鲁士分隔开来，东普鲁士
被孤立在了波兰的另一边。靠合并奥地利是不足以补偿
这些损失的。这样的联合两国都赞成，却被和约禁止了。

其他条款针对的是德国的经济。一项条款规定要
取消德国大部分的海上贸易船队。另一项则进一步削弱
德国的国际贸易，规定德国要给战胜国 5 年的最惠国待
遇，有效地阻止德国的货物进入协约国的市场。萨尔
盆地是德国煤炭的主要来源，必须由新的国际联盟管辖
15 年。15 年后，举行公民投票来决定它的归属。同时，
法国将经营煤矿，以赔偿战争中他们遭受的破坏。德国
还要赔款给其他国家，以弥补他们在战争中遭受的损失。

可以肯定数额巨大，但由于协约国成员不能在准确的数目上达成一致，这些战争赔款要晚一些才能确定。

在新共和国所遭受的所有军事、领土和贸易惩罚中，所谓名誉攸关的那些是最令人难堪的。这些条款收录在和约的 227 条到 231 条中，是对战争责任的评估。威廉二世和其他领导人将被移交国外法庭审判，罪名是违反了战争法。为了证明协约国赔偿要求的正当性，和约的第 231 条要求德国独自承担起发动第一次世界大战的责任。

德国上上下下的反应都是难以置信和愤怒。总统艾伯特称拟议的解决方案是"暴力的和平"。谢德曼内阁把这些条款称为"无法履行，难以实施，对德国来说是毁灭性的"。剧院和其他大众娱乐场所都被关闭了，人们自发地聚集在各处表示抗议。

德国政府有两个星期的时间来陈述自己的反对意见，提出反驳，不过只能以书面形式，因为协约国不容许口头的讨论。结果这个德国的文件比和约本身几乎要长一倍，写了满满 443 页。所有的诉述只换来一个重要的让步：和约没有规定把上西里西亚完全割让给波兰，而是允许由公民投票来决定这块地区的未来（结果是，德国在 1921 年的那场公民投票中取得了胜利，却还是失去了上西里西亚最富裕的部分）。

协约国拒绝修改其他条款，而且可以很清楚地看到，拒绝和约几乎肯定会导致战争的重新爆发。6 月 22 日，国会同意批准和约，但是仍然拒绝了 5 项涉及战犯和战

德国割让的土地

在凡尔赛，协约国逼迫魏玛共和国割让了大片土地（深灰色部分）。阿尔萨斯和洛林归还给了法国，北石勒苏益格给了丹麦。波罗的海的港口梅梅尔和其周边地区则划给了立陶宛。上西里西亚和普鲁士的大片土地被割让给波兰，这使历史上著名的东普鲁士与祖国隔开了。希特勒和纳粹党人严厉地谴责签署了所谓"耻辱和约"的德国新民主政府，该和约缩小了国家的疆界（深灰色线表示）。

争罪行的条款。但是协约国的态度很坚决：在第二天即6月23日下午6点之前，接受或拒绝整个和约。法国总理乔治·克列孟梭宣布："讨论的时间已经过去了。"

艾伯特总统是倾向于拒绝这些苛刻的条款的，同僚们的恳求才阻止了他的辞职。他在国防部的铁腕人物古斯塔夫·诺斯克正犹豫不决，一群强烈反对签署协议的高级将领找到了诺斯克，他们甚至甘愿冒失去西部德国的危险，在东部的老普鲁士省份与协约开战。他们还恳求诺斯克接管政府，建立一个军事独裁政权。诺斯克显然对这些幻想有点动心，宣称打算从政府辞职。

将近中午时分，离协约国的最后期限只有6个小时多一点的时候，艾伯特打电话给他在最高司令部的联络人格勒纳将军。艾伯特问他，如果拒签和约，有多少把握抵抗住协约国的进攻？

这个问题也是总参谋部已经辩论了多日的问题。自由军团的领导人威廉·莱因哈特催促进行反抗并重新开战。老兴登堡宣称他宁可"光荣地毁灭，也不愿接受耻辱的和平"。老兴登堡问格勒纳："我们难道不应该向军官团发出呼吁，要求少数人做出牺牲的姿态来捍卫国家的荣誉吗？"格勒纳直截了当地回答道："德国人民不会接受这种姿态，反对反革命和军国主义的呼声将会普遍高涨，结局只能是帝国的崩溃。协约国将会表现得毫不留情，军官团将被摧毁，德国的名字也将从地图上消失。"

格勒纳直言不讳地建议投降，现在他对艾伯特也是这样说的。作为一个"德国人"而不是以将军的身份，格勒纳劝告说，武装抵抗是毫无希望的。德国别无选择，只能接受这个可恨的和约。

艾伯特现在迅速接受了这个不可避免的现实。在格勒纳的建议下，艾伯特要求诺斯克收回他的辞职书，并呼吁军队支持政府。诺斯克接受了艾伯特的请求，内阁也批准在和约上签字。在国民议会中，支持接受条约的人从顽固派那里获得了同意，条件是要让人们知道，他们的妥协完全是出于爱国主义。直到那时，德国代表才同意在《凡尔赛和约》上签字。

协约国在最后通牒到期前十九分钟才收到德国的正式通知。5天后，也就是6月28日，签字仪式在凡尔赛宫的镜厅举行，这里也就是将近半个世纪前，普鲁士的威廉一世庆祝击败法国并宣布成立新的德意志帝国的地方。

和约的签订和随之而来的协约国封锁的解除，使得国民议会得以将精力重新投入到以前未完成的工作中去。立法者们完成了新的魏玛宪法，并于《凡尔赛和约》签订5个星期后的7月31日以压倒多数得以通过。新宪法正式建立了一个民主共和国，但其中央集权程度却更甚于先前的君主政体。那些原先属于各州的特权——例如征税、调动军队等，现在都被赋予了总统领导下的中央政府。公民直接投票选举总统，任期为7年，他有管理外交事务、指挥军队，以及任命总理等权力。立法机构为两院制：一个由任命产生的上议院代表着 18 个州的利益；一个由民众选举产生的国会确认总理及其内阁并批准所有立法。

然而，在新宪法中却有两项截然不同的条款，对共和国产生的影响将是致命的。首先，为了确保各种不同的意见都能在国会中得到表达，议员的选举是基于比例代表制的，即根据一个政党的民众投票来分配席位。这助长了小政党的泛滥，使任何一个政党几乎不可能获得多数席位。结果是一连串令人困惑的联合政府，其效率之低，破坏了公众对民主的尊重。

另一项关键条款，宪法第 48 条，允许国家元首随心所欲地统治。条款写道："如果公共秩序和公共安全受到严重干扰或威胁，总统可以动用武装力量，通过命令进行统治，甚至暂时取消言论自由和其他受保护的自由。"宪法第 48 条的制定者无疑考虑到了共和国最初几个月的无政府状态，但这一条款在以后的重复使用却葬送了德国的民主政治。

事实上，民主政治已经因为接受了协约国报复性的《凡尔赛和约》而遭到了公众的攻击，人们把心中的耻辱感转变为对政府和强制性和平的猛烈批判。艾伯特试图通过赢得协约国小小的让步来缓解国内的抗议活动。在 1920 年 2 月，协约国同意让那些所谓的战犯在德国国内接受审判。曾为德国皇帝提供庇护的荷兰不同意引渡这位君主，所以他从未接受过审判。而在协约国早先开出的一份共有 895 名嫌疑犯的名单中，只有 12

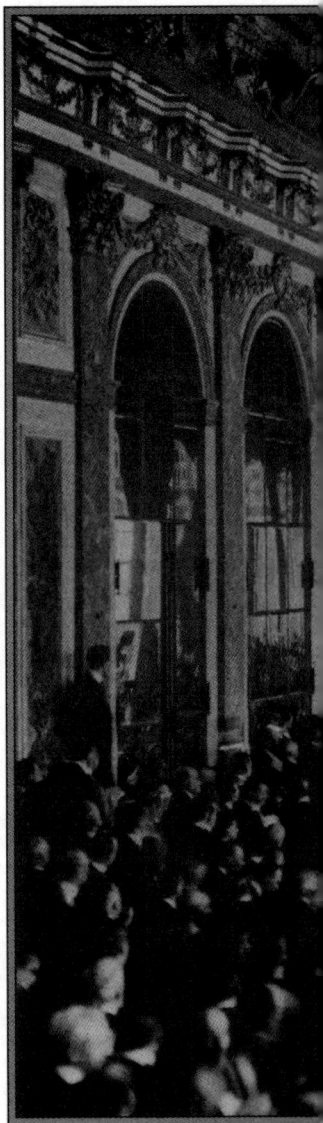

在兴高采烈的围观者面前，德国政府的代表们来到富丽堂皇的凡尔赛宫镜厅，接受了对其国家的羞辱。1919 年 6 月 28 日，抵制其条款直到最后一刻的代表们别无选择，只能签署了灾难性的《凡尔赛和约》。

人接受了审判，其中只有 6 人被判定有罪。这对德国的民众来说只是小小的安慰，不满的声音越来越多。

新生的共和国政府于 1919 年 9 月从魏玛迁回了柏林，并且在年终，威胁其生存的因素显然已经由共产党转向了激进的右翼分子。而最大的潜在威胁就是艾伯特总统的老盟友——军队，它整合了自由军团中最优秀的部队，并改名为国防军，负责"国家的防卫"。艾伯特与军官团的个人联系——格勒纳将军已经被迫退休，因为越来越多的谣言说，军队被人再次从背后捅了一刀。

自由军团的队伍中充满了怨气。在 1919 年夏天，艾伯特政府应协约国的要求，命令几支从 2 月开始在波罗的海地区与俄罗斯共产党和当地民族主义者战斗的自由军团部队撤军回国。这道召回命令使他们失去了在拉脱维亚和立陶宛取得的领土利益，从而打破了他们试图以波罗的海各国为基地来推翻共和国的梦想。到 1920 年初，"海盗们"对政府的怨恨更深了，因为政府遵照将国防军的官兵减少到 10 万人的和约条款，在普遍失业的情况下开始大幅削减自由军团的队伍。

这时候，一个颠覆共和国的阴谋正在酝酿。其军事领导者是掌握了柏林军队的瓦尔特·冯·吕特维茨将军，就是他在 1919 年 1 月镇压了"斯巴达克团"的起义。作为一个有才干的军人和一个普鲁士贵族，61 岁的吕特维茨崇尚君主政体，他唯一想做的就是推翻共和国，重建封建王朝。他的文官同伙——62 岁的沃尔夫

这是一张 1919 年的漫画（上图），一名欢庆胜利的自由军团军官在一堆尸体中向国防部长古斯塔夫·诺斯克敬酒。诺斯克手上沾满了镇压共产主义者的鲜血。在右边的照片中，诺斯克（靠右者）正在和驻守柏林的第一军区司令吕特维茨将军交谈。

冈·卡普博士出生并成长于美国，但从他的出生地和他
父亲那里几乎没有吸收到民主的东西。他父亲是个杰出
的德国自由主义者，在1848年革命后被迫流亡到纽约，
返回德国后，沃尔夫冈·卡普曾在东普鲁士的政府里任
职，并积极投身极右翼事业。

　　1920年2月下旬，德国政府按照和约规定开始裁减
军队，试图解散吕特维茨麾下的两支部队，这成了卡普政
变的催化剂。由海军少校赫尔曼·埃尔哈特指挥的臭名昭
著的第二海军陆战旅是被解散部队中的一支。这个旅在上
一年5月镇压巴伐利亚的共产主义者起义时充当了先头部
队，它还参与了在上西里西亚与波兰民族主义者的战斗，
并在那里征召了数百名久经沙场的波罗的海自由军团老
兵。现在，这个驻扎在柏林近郊多贝里茨营地的5000人
的埃尔哈特旅的官兵被政府要将他们解散的消息激怒了。

　　吕特维茨将军迅速利用了他们的不满情绪，公开
向他们保证他不会允许遣散部队。将军的公然反抗似乎
证实了政变的传言，诺斯克解雇了他，并命令逮捕卡普。
但为时已晚，阴谋的策划者们由于事先得到警告早已藏
匿起来，吕特维茨开始发动政变。

　　3月12日星期五的晚上，关于即将发生麻烦的新
情报促使诺斯克派遣他的海军司令——阿道夫·冯·特
罗塔上将到多贝里茨营地去检视埃尔哈特旅。本身也倾
向反叛的特罗塔显然不是个正确的选择，他在视察前打
了个电话到多贝里茨营地告之他的到来，于是在他到达

　　普鲁士军官的典范——汉斯·冯·泽克特将军的照片，他是当时的德军总司令。有人问他对军队的看法如何，他回答说："我不知道它是否可靠，但它听我的。"

　　1920 年 3 月 13 日，2500 名埃尔哈特
旅的士兵大步开进柏林，试图推翻魏玛共
和国政府。因为政府打算按照《凡尔赛和约》
解散所有的自由军团部队。到达目的地后，
他们升起帝国的旗帜，并宣布沃尔夫冈·
卡普博士为总理。

时，一切仿佛都很正常。特罗塔在当天晚上 10 点回到柏林，并报告说"一切都很平静"。一个小时后，埃尔哈特旅开始向柏林进军。

将近午夜时，诺斯克从一名报社记者那里获知了埃尔哈特旅的行动，他立即派了两位将军去阻止埃尔哈特，徒劳地希望能以理来说服他。凌晨时分，诺斯克召集了一次最高军事领导人会议，询问他们该采取什么措施来阻止这次叛变。共和国与军队的联盟正处于危险之中，使诺斯克感到沮丧的是，许多对左派的起义自愿镇压的将军们似乎对镇压右派的叛乱毫无兴趣。国防军司令、普鲁士贵族汉斯·冯·泽克特将军对诺斯克说："军队不会向军队开火。部长先生，您是否打算在勃兰登堡门前，在曾经并肩作战、对抗共同敌人的部队之间进行一场战斗？如果国防军向国防军开枪，那么军官团之间的同志之谊也将不复存在。"

诺斯克与艾伯特没有别的选择，他们于凌晨 5 点与内阁一起乘汽车逃离了柏林，将政府所在地搬到了德累斯顿。最后，他们又迁至斯图加特去坚持斗争。

那个星期六早上 7 点，埃尔哈特旅穿过勃兰登堡大门进入柏林市中心时，政府部门刚刚搬离。旗手们高举着黑、白、红相间的德意志帝国旗帜，士兵们的钢盔上印着"卐"字，有一天，那将成为纳粹主义的代名词。他们受到了柏林警察、吕特维茨将军和以沃尔夫冈·卡普为首，头戴大礼帽、身着常礼服、脚蹬高筒靴的文职高官们的欢迎。

人群中还包括埃里希·鲁登道夫将军——格勒纳的前任，在战争的最后两年实际统治德国的人。鲁登道夫一直在卡普政变阴谋的背后徘徊，后来他坚持说他只是碰巧在早上出来散步才知道政变的发生。不管怎样，他和其他人行进在埃尔哈特旅的最前面，一直到威廉大街。在那里，他们没费一枪一弹就接管了政府。

卡普被宣布为新的总理，但他并没有做好准备。他后来宣称自己直到那个特别的早晨才知道政变的事。显然他证明了自己没有任何行动计划。他妻子的遭遇是他政权的滑稽剧首演的典型一幕。她本来要为新政府撰写面向人民的声明，但到了总理府却找不到一台打字机，而当她获得一台时已经来不及在星期日的报纸上刊登了，所以大部分德国公众直到星期一才知道发生了政变。

卡普同样也未准备好面对官僚机构对他的暴发户式政权的敌意。大多数政府官员拒绝听从他的指令，财政部也不给他的军队拨款。当他建议埃尔哈特用武力获取军费时，这位"海盗"冷冰冰地回答道，他毕竟不是个银行劫匪。柏林的工人给了卡普更多的冷遇。当政府撤离首都时，他们以艾伯特和社会民主党的名义发表宣言，号召实行总罢工。宣言呼喊道："工人们，同志们！一场军事政变正在进行，我们发动革命不是为了再次承认雇佣军的血腥统治，我们不会与那些波罗的海的罪犯做任何交易。罢工，停止工作！把军事独裁扼杀掉。战斗，放下所有的争执，削弱国家的经济生活！一只手都不要动。全线总罢工。所有工人团结起来！"

罢工在第二天即 3 月 14 日星期日的下午 3 时左右全面展开，这是历史上最有效的罢工之一。柏林陷入了瘫痪之中，所有的商业、工业和服务业都停顿了。没有交通、没有电力，甚至没有水。

到 3 月 17 日，卡普已经无能为力了。他没有接受向罢工者开枪的建议，接着，反抗的情绪传染到了柏林卫戍部队中。这些原本中立的部队突然逮捕了他们的长官，并呼吁结束政变。这时，警察和其他原先的支持者们也要求卡普辞职。中午前，卡普终于宣布辞职，并指定吕特维茨为他的继任者，而他自己则逃到了瑞典。几小时后，吕特维茨也辞了职。

当天下午当埃尔哈特旅撤离柏林时，人们在林登大道两旁默默地怒视着他们，水兵们的心情很糟。这时一个小男孩笑出了声，两名水兵跑出队列，用枪托将小男孩击倒在地上，用脚踢他的身子。在场的一个英国人事后回忆说："没有人敢上前干涉，但人群发出了嘘声。这时，一名军官大声传达了一道命令，军队便开火了。街道上突然回响起机枪的扫射声、子弹的呼啸声、玻璃的碎裂声以及受伤者的哭喊和呻吟声，人们四散奔逃，其余的躺在了他们倒下的地方。然后又传来了另一道命令"停止射击"，接着是'快速前进！'"

卡普政变之后，德国掀起了一股反军国主义的浪

1920 年 3 月，海军少校赫尔曼·埃尔哈特向他的旅回敬军礼。埃尔哈特的这支王牌军本应保卫柏林，但最终却侵掠了柏林。他们的钢盔上印有独特的标志——一个白色的"卐"字。

卡普政变失败后撤出柏林的埃尔哈特旅公然向嘲笑的人群开火，人们四散奔逃。十几名围观者死于这场不分青红皂白的枪击。

潮，也深入到了艾伯特自己的社会民主党。一些主要的社会民主党人指责诺斯克对军队的将军们控制不力，他们推翻了艾伯特，逼迫国防部长辞职。这些社会党员还重新要求废除不忠诚的军官团，建立一支民主的军队来保卫共和国。然而，这一运动尚未得势，一个新的挑战又突然出现了。

德国共产党和他们的同盟者又在全国各地开展了运动。最大的一次起义发生在鲁尔工业区，在那里由50000名工人组成"红军"赶走了共和国的军队。到了3月20日，卡普政变失败三天后，起义军已经控制了杜塞尔多夫和米尔海姆以东的整个鲁尔。艾伯特只能求助于那些刚刚才辜负了他的军官。为了填补国防军司令的空缺，他提拔了泽克特将军。泽克特别无选择，只能转而又求诸他麾下的主要力量——自由军团，其中包括参与了政变的埃尔哈特旅中的人。

这些"海盗"抵达鲁尔后，对政变的失败和工人们发动罢工的大胆行为进行了疯狂报复。在两个星期的时间里，他们消灭了"红军"，光是头两天就有一千名共产党人伤亡。

当秩序恢复后，艾伯特政府慎重地决定，不再对卡普政变的领导者和参与者施加更大的压力。卡普和吕特维茨在所有的指控中均被宣告无罪。埃尔哈特旅的"海盗"们不仅逃脱了惩罚，更不可思议的是他们竟然还领到了16000黄金马克的奖金，这是短命的卡普政府答应在推翻共和国后给他们的奖励。不过，他们在国防军的日子也已屈指可数。

泽克特是一位老派的普鲁士军官，他下定决心要精挑细选这《凡尔赛和约》规定的 10 万国防军，塑造一支纪律严明的军队，即使不服从任何人，也要服从他。他解散了埃尔哈特旅和其他一些自由军团编制。他后来写道："这些部队根本不适合从事和平工作。"

除了这些军事后果外，卡普政变还留下了一些政治上的祸患。在 1920 年 6 月举行的全国大选中，致力于维护共和的 3 个党派——社会民主党、中央党和民主党失去了超过 40% 的选票，他们在国会中获得的席位最终未达半数。事实上，他们也不再可能得到多数席位了，原本支持他们的工人们已经把选票投向了极左的独立社会党。但是，最大的胜利者却是那些右翼党派，他们得到了反感《凡尔赛和约》以及这片土地上依然猖獗的无法无天行为的中产阶级的支持。

随着对共和国的信心被逐渐消磨掉，民族主义者和种族主义者尖锐的喊叫声不断地增大，"海盗"们仍旧让人们感受到他们的存在。他们从激进的右翼分子手中获得资助，许多部队转入了地下进行重新武装，并在一些合法企业的掩护下进行秘密的训练。这些公司通常是需要很多强壮年轻人的卡车运输公司、大农场甚至旅行马戏团。最受欢迎的借口是劳改营，那里允许这些"海盗"向新一代年轻人灌输民族主义和种族主义

一幅漫画描绘了法国军队进入埃森时，克列孟梭正等待着扑向鲁尔。

鲁尔区的
全民耻辱

法国始终想找借口侵占鲁尔区。当德国没有把抵作战争赔款一部分的电话线杆按时交给法国时，法军就开进了德国这个2000平方英里的工业中心。

在随后两年的占领期间，法国人的暴行使所有德国人团结起来，憎恨他们曾经的也是未来的敌人，因此民族主义者们认为这是天赐良机。与此同时，德国政府对此做出的反应是关闭并破坏鲁尔区的一切生产，这对原本已经摇摇欲坠的德国经济来说是个额外的打击。

的病毒，这让他们在十年后成为了纳粹的榜样。

一些更狂热的"海盗"藏身于巴伐利亚并聚集在一些社团中，一心想着颠覆共和国。从1920年春季开始，慕尼黑已经成了右翼激进分子的天堂。这些极端民族主义者受"卡普政变"的启发，驱逐了法定的州长，一个社会党人，代之以一个反共和的保守派。一年后，赫尔曼·埃尔哈特重新召集了他海军旅的旧部，成立了所谓的"执政官组织"。在假冒的木制品公司的掩蔽下，开展其主要"业务"：政治恐怖主义。该组织的期刊上写道："我们的斗争，就是直接针对民族思想的掘墓人，针对民主、社会民主主义和犹太人。"

在自由军团被当局解散后的3年里，"执政官组织"策划实行了354起政治谋杀中的一大部分。第一批受害者中就有中央党的领导人马蒂亚斯·埃茨贝格尔，他在1918年签署了停战协定，并领导了批准《凡尔赛和约》的立法斗争。在1921年8月的一个下午，当埃茨贝格尔在德国西南部的黑森林散步时，埃尔哈特的刺客们向他开了十几枪。1922年6月，第一个宣布共和国成立的社会民主党人菲利浦·谢德曼险些因执政官组织的特务们往他眼睛里喷射氢氰酸而失明。

3周后，该组织的两名成员又实施了一起最愚蠢的政治谋杀，他们用手雷和自动手枪袭击了外交部部长瓦尔特·拉特瑙的汽车，因为他是一个犹太人，并且赞成履行《凡尔赛和约》的赔款。讽刺的是，富有的拉特瑙曾筹集 500 多万美元来支持自由军团。

在混乱和恐怖中，还有一个因素在威胁着共和国的政治命运，那就是失控的通货膨胀。马克不断贬值的原因是旧的帝国政府是通过借债而不是征税来资助战争的，所以在战后，债务利息以及在军人复员和恢复经济上的高昂花费造成了政府长时间的预算赤字。共和国在企业要求减低税收的压力下，只能通过印制更多的货币来弥补赤字，从而导致马克逐步地下滑。

1921 年 4 月，当协约国最终开出战争赔款清单时，财政赤字和从印钞机上涌出的纸币洪流的规模越来越大。协约国要求在几十年内每年以现金或实物形式支付 1320 亿马克。在难以承受的负担下，马克的市值在 1922 年 7 月下跌到了不到战前的百分之一。在 1914 年，马克对美元的比值是 4.2 比 1，而现在仅为 493 比 1。

但这些都只不过是 1923 年的灾难性暴跌的前奏。事情的起因是法国决定占领鲁尔区，从而收回每一分钱的赔款作为一个合法的借口，法国宣称德国没有在规定的限期内交付抵债用的 14 万根电话线杆，从而违背了义务。1923 年 1 月，法军和他们的盟友比利时军队开进了鲁尔区，查封了那里的矿场和工厂。

德国政府的反应是中断对法国的所有赔款，并发起了一场对占领者的消极抵抗运动。整个鲁尔区的工业和商业都陷入了停顿中，工人实行罢工，公务员拒绝承认新的法国老板，破坏者冲击了运输系统。为了防止德

军事占领期间，法国卫兵在鲁尔的首要城市埃森的邮局前威胁一名平民。

因违反宵禁而被枪杀的平民的尸体在埃森被公开展示，以警告其他的德国人。

一名法国士兵守卫着一节装满煤砖的火车车厢。鲁尔区出产的煤是法国急需的。

国遭到进一步的侵犯，政府甚至再次给予自由军团复出的机会。数以千计的"海盗"被召集起来服役于所谓的黑色国防军，这是一个公然违反《凡尔赛和约》的拥有5万人的秘密预备队。

消极抵抗的政策成功地挫败了法国人，但也付出了可怕的代价。德国国库被剥夺了急需的收入，货物和原材料的匮乏使整个国家经济陷入了混乱之中，对鲁尔区罢工工人的资金补贴又产生了新的财政开支。

马克的贬值越来越快，在一月份法国刚进占鲁尔区时，马克对美元的比值为18000比1，但至7月已经下滑到353000比1，并仍在疯狂地下跌。到了11月中旬，马克的实际价值已经比印它的纸还低：一美元可以兑换4.2万亿马克。不少于1783台印钞机在夜以继日地印制着成吨的这种荒唐的货币。

难以置信的通货膨胀使德国民众的日常生活成了一场噩梦。普通的蔬菜，例如不起眼的擘蓝，要卖到5000万马克一棵，一枚一便士邮票的价格相当于1890年柏林的一所高级住宅。家庭主妇们推着堆积着纸币的手推车上街只是为了买一磅土豆或是一个面包；一小块人造黄油要花去一天的收入。企业每天都要向他们的雇员发放工资，有时甚至是一天两次，以让他们能够在价格再次翻倍之前赶紧去购买食物。许多德国的中产阶级，尤其是有固定收入的人，他们的境遇比普通工人更惨。通货膨胀耗光了他们所有的积蓄，并致使他们的政府债券和保险年金等投资变得一文不值。

当工人和中产阶级的自杀率和其他原因导致的死亡率惊人地上升时，奸商们却发了财。大土地所有者和实业家用贬了值的马克来清偿他们的债务，然后用银行和政府贷款获得大量新的资产，再用一文不值的钱偿还。

最令人震惊的一个投机者是 53 岁的保守党议员胡戈·施廷内斯，他已经在重工业中积累了一笔财富。通过吞并那些被通货膨胀击垮的企业，并很快用几无价值的马克将其债务一笔勾销的手段，施廷内斯建立起了自己的企业王国，包括数百家钢铁厂、化工厂、建筑公司、银行、炼油厂以及不少于 150 家反映其右翼观点的报纸和期刊。数以千计的小投机者将施廷内斯视为他们的偶像。小说家斯蒂芬·茨威格写道："历史上从未有过如此巨大的疯狂，一切价值都改变了，不仅仅是物质上的。国家的法律遭到嘲笑，传统和道德准则不再受到尊重，柏林已经成为世界罪恶之都，酒吧、娱乐场所和下等酒馆不断地涌现出来。"德国所有年龄、所有阶层的人疯狂地否认自己的困境，都成了不知疲倦的舞者，他们没日没夜地在酒店、舞厅、夜总会里随着美国爵士乐起舞，甚至是在海滩和大街上。他们还不停地吹着口哨，似乎是为了保持他们的勇气。

1923 年秋天，政府终于采取坚决行动来阻止这场经济灾难和国内动乱。一个以古斯塔夫·施特雷泽曼为首的新内阁成立了。施特雷泽曼是个君主制主义者及保

柏林德意志国家银行的
官员们用篮子装运的货币到
1923 年底几乎一文不值。为
了减少购买任何东西所需的
贬值纸币的巨大体积，政府
印钞厂印制了 100 亿马克这
样的天文数字面额的纸币。

守党之一——人民党的坚强领袖，但还是决心来拯救共和国。他在全国实行紧急状态来停止罢工和起义，重新开始支付赔款，终止了鲁尔区的消极抵抗，并采取措施稳定货币。这些措施包括平衡预算及发行新的临时性货币——地租马克。地租马克与战前的马克等值，并以基于国家工农业机构全部资产的抵押债券为担保。他还强迫那些投机者们把他们所积累的 15 亿美元的外币出售给政府，从而使中央银行的黄金和外币储备翻了一番。施特雷泽曼的措施事实证明是有效的：通货膨胀得到了遏制，德国恢复了运转，为经济复苏奠定了基础。

虽然噩梦结束了，但它所造成的创伤将在未来几年困扰德国人，使他们与民主渐行渐远，并加速政治极端主义的趋势。许多工人将抛弃在通货膨胀中无能为力的工会，转投共产主义运动；新近陷入贫困的中产阶级们震惊于恪守了一生的勤俭节约价值观的倒错，将在另一个方向上寻求解脱。他们把通货膨胀的责任归咎于魏玛共和国、《凡尔赛和约》与犹太投机者，愤懑的资产阶级将寻找一个强大的独裁领导人。

与此同时，痛苦的在巴伐利亚，德国发现了一个奇怪而富有魅力的奥地利人，他命中注定将成为这个国家的元首。

　　德国经济噩梦的受害者：一个无家可归，独腿的战争老兵和他营养不良的家人在柏林的一个收容所被拍到。

身穿商务西装的平民在守卫柏林街头的机枪
岗哨。1919年，斯巴达克团的官方出版物《红旗》
号召这座城市的激进分子们武装起来。

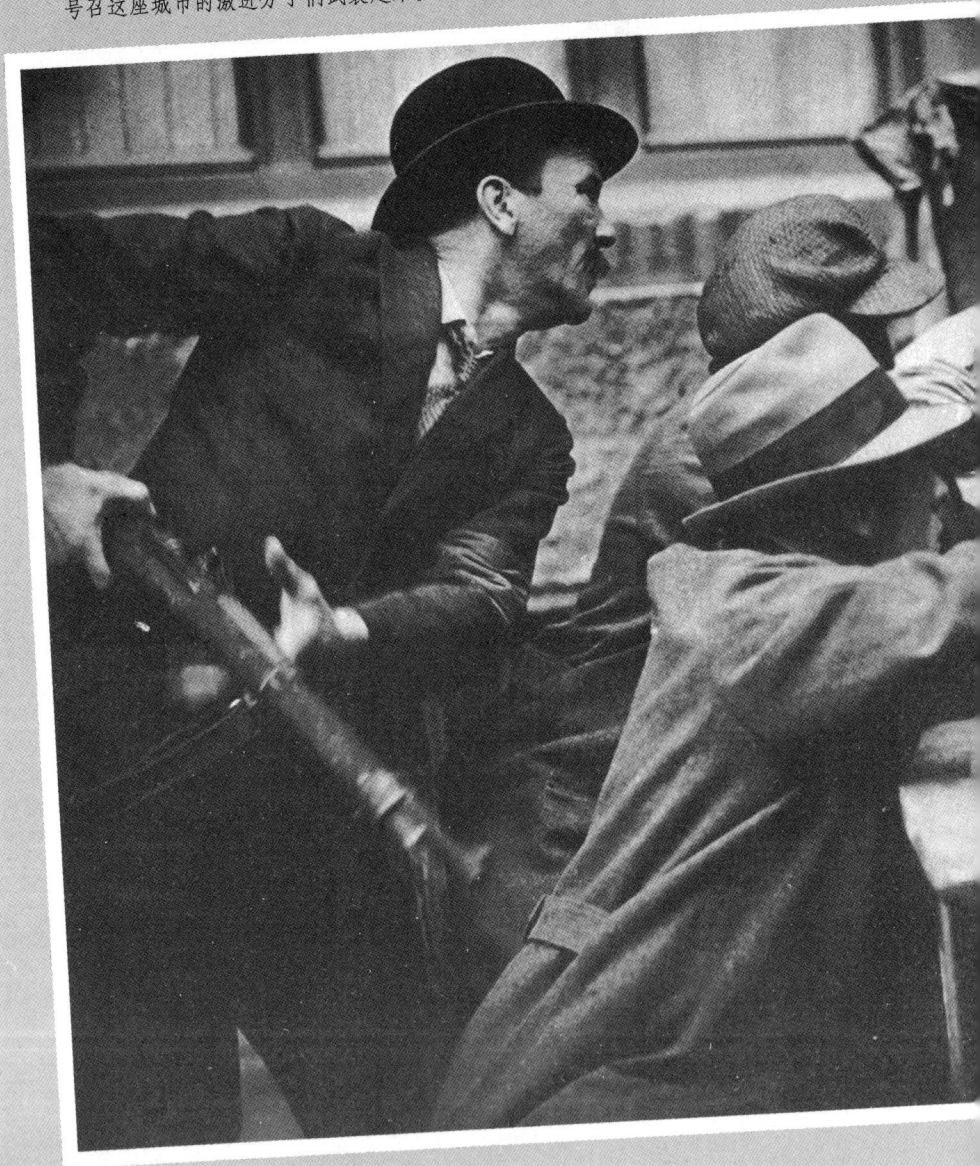

柏林的
红色起义

"我们是在为天堂之门而战。"共产主义领袖卡尔·李卜克内西宣称。他重整"斯巴达克团",并在1919年的头几天控制柏林,接管政权。事实上,对于德国共产党和成千上万的左翼支持者来说,从来没有一个时刻让他们离胜利如此之近,德国看似到了共产主义者掌权的时候了。陷入困境的弗里德里希·艾伯特未能利用手头削弱了的资源平息这激进的挑战,军队陷入混乱并各自为战,柏林警察部队似乎对这一威胁无动于衷。

在一月初,斯巴达克团成员及其支持者控制了柏林的公用事业、运输业和军工厂。当艾伯特政府解除了柏林警察局长——一位斯巴达克团同情者的职务时,李卜克内西和党的另一位领导人罗莎·卢森堡于1月5日组织了声势浩大的游行来抗议政府的这一命令。

在那天及随后的几天里,数十万工人涌上大街,手里挥舞着武器和红旗,高喊革命口号。为了做最后一次努力来恢复秩序并拯救政府,艾伯特和他的国防部长古斯塔夫·诺斯克向唯一残存的力量——自由军团寻求帮助,这个由右翼志愿兵组成的准军事组织一直在乡间的营地里进行操练。自由军团热切地回应了政府的恳求,以快速行进的方式向柏林进发,血腥对抗的舞台已经搭好。

肩扛来步枪的斯巴达克团支持者们进
军并占领了柏林主要的新闻出版区。

没有计划
的起义

1月5日，斯巴达克团的领导人和被免职的柏林警察局长在柏林警察总局策划战略。总理艾伯特和政府的其他领导们躲进了总理府，很快就被一群愤怒的左翼民众包围。在其他地方，起义者接管了柏林的新闻出版区佳姻广场（现梅林广场），并占领了一些柏林报社的办公室，其中包括其对手社会党的机关报《前进报》。当天晚上，起义领袖们投票决定开始战斗直到政府被推翻。然而，没有人为这次行动制订一个周详的计划。到1月6日，起义者们占领了政府的印刷厂、新闻局和柏林主要的电报局。几天中，人们不安地等待着警察总局里的起义领导者们作出决定。

在莫斯出版社，曾经的士兵和起义的市民一起守在由新闻纸卷和捆扎的报纸搭成的街垒后面。

被打死和受伤的
柏林市民躺倒在鹅卵
石路上，斯巴达克团
的起义军和头戴钢盔
的自由军团士兵正在
居民区的大街上进行
肉搏战。

组织援救

斯巴达克团犹豫不决时，国
防部长古斯塔夫·诺斯克撤退到
了西郊的达勒姆，策划夺回柏林。
在来自附近的佐森，只配备了一
部电话的自由军团的护卫下，诺
斯克和柏林市内及周边城市的前
军官取得了联系。几天之内，他
们就招募了数千名自由军团士兵
来拯救艾伯特的政府。

1月10日，驻扎在北郊斯
潘道附近的350名自由军团士兵
制服了试图控制那里的一家大兵
工厂的斯巴达克团起义者。第二
天早上，来自波茨坦的1200名
自由军团士兵攻击了佳烟广场，
用榴弹炮和迫击炮近距离轰击
《前进报》大楼。起义者们从楼
内向外射击，但是机枪和步枪无
法与大炮匹敌，起义者们很快就
被击溃了。

政府支持者的武力部署在勃兰登堡门顶上的大青铜马脚下，用机枪火力覆盖了一片广阔的战场。

效忠派卷土重来

1月11日，国防部长诺斯克带领着3000多名自由军团士兵来到了柏林市中心。当他们穿越柏林繁华的西郊时，人们站在街道两旁向他们欢呼。一家保守派报纸宣称："许多爱国者可以再次为一个久违了的景象欢欣鼓舞。士兵们在军官的指挥下正列队走过波茨坦广场。"

诺斯克的部队畅通无阻地开进了勃兰登堡门。在那里，他们接替了几小时前从斯巴达克团手中夺取了这座具有象征意义的地标建筑的政府支持者。然后，国防部长的军事顾问将城市划分为几个区。而自由军团的士兵们则四散开来，在一些重要的十字路口架起机枪，包围那些还在共产党手中的公共建筑。

在柏林大学被征用的营房内，自由军团士兵们正在为即将到来的巷战准备装备。

　　市民们在挥舞着棍棒的
柏林警察面前四散奔逃。一
些警察畏缩于悬殊的力量对
比，在自由军团到达后才参
加战斗。

右翼分子
的大屠杀

　　为了发泄对共产主义的仇恨，自由军团的士兵们残忍地屠杀起义者。在斯潘道，那些没有在战斗中被杀死的起义者在被送往监狱的路上遭到杀害。
　　屠杀仍在继续。在用大炮轰击了市警察总局后，诺斯克手下一个连的部队冲进大楼，在办公室、走廊和电梯里四处屠杀起义者。一些激进分子被原地击毙，其他人的下场则更糟糕：他们被从一个房间追赶到另一个房间，被踢来踢去，直到被步枪的枪托活活打死。

　　1月12日，担架队在自由军团与斯巴达克团的冲突中冒着枪林弹雨救出一名伤员。

流血冲突令人不安的暂息

到1月15日，自由军团终于将一种令人不安的平静强加给了首都。机枪和装甲车吓倒了大多数持异议者，神枪手射杀了偶尔出现的斯巴达克团狙击手。

斯巴达克团的两个领导人李卜克内西和卢森堡躲了起来，但是他们还是被自由军团的人追踪到，并被押解到设在柏林伊甸大酒店里的自由军团司令部。当天深夜，他们被分别从后门带出，被枪托打倒在地，用汽车运走，并在路上遭到枪杀。

他们是柏林流血周期间最后被杀害的两个人。在这一个星期里共有100名以上的斯巴达克团起义者为他们的事业献出了生命，但残暴的自由军团只死了13人，伤了20人。

在随后的几个月，艾伯特利用自由军团对全德国的反对者进行了镇压。然而，这些往昔的士兵最终会将矛头指向给予了他们认可的共和国，并帮助播撒纳粹主义的种子。

在休战旗下与自由军团军官会面后，占领报业区的斯巴达克团的领袖们返回己方阵地商讨投降事宜。

4. 建立在仇恨之上的政党

穷困潦倒、无依无靠的阿道夫·希特勒心中充满着愤怒与耻辱。就像他的许多战友一样，希特勒把军队当作是避风港，在那里寻求庇护和帮助。在过去的 4 年中，德国国防军已经成了他的家，是他自尊的载体，是他生活的唯一意义。对他来说，军队是一切日耳曼美德的宝库。因此，在 1918 年 11 月末，当希特勒刚从帕泽瓦尔克的医院伤愈，就迫不及待地重返了他所在团的后备营。但他所钟爱的部队的遭遇让他感到沮丧，加剧了他对德国的衰落的愤怒。所有的纪律似乎都已消失，取而代之的是一种疯狂的平等主义和令他厌恶的布尔什维克主义。

军营的控制权落入了被称为"士兵委员会"的没有章法的左翼集会手中，其结论取决于所谓的"自愿服从"——实际上意味着不服从。更糟的是，士兵们整天在大街上游荡，他们侮辱军官，扯下军官的勋章、肩章和帽徽。对于一级铁十字勋章的获得者——自豪的希特勒下士来说，这样的一种局面是不可容忍的。他自愿到距离慕尼黑 60 英里的特劳恩施泰因的一个偏僻营地服役，此后的几个月里，他在那里看守一些俄国战俘。

在那些独自巡逻守卫的时间里，这位 29 岁的奥地

在 1923 年 1 月的慕尼黑集会上，新生的纳粹党的党员向人们展示各种粗糙的"卐"字标志。这是阿道夫·希特勒想要臆造的雅利安民族的象征。

利侨民有充裕的时间用来思考。思考柏林的所谓“十一
月罪犯”对德国的背叛、协约国的报复性要求、“猖獗”
的布尔什维克，以及最重要的，他确信要为这一切负责
的犹太人。他后来写道：“那时候，各种计划在我的脑
海里追逐着，一个接一个。几天来我一直在思考，如果
真有办法的话，我该做些什么。但每一次思考结束时我
都会清醒地意识到，我完全默默无闻，没有任何实际行
动的哪怕是一丁点基础。”

　　不过机会很快就要到来了。在整个德国，各种事

希特勒下士（左起第五人）于一战结束后不久在他部队里所拍的集体照。他没有退伍，而是自愿承担起了看管等待遣返回国的战俘的任务。

件仿佛都在密谋着加速，阿道夫·希特勒开始走向他的命运。他返回的巴伐利亚陷入了和他自己一样的混乱之中。对于德意志第二帝国的崩溃的反应，没有哪个城市比张扬、容易激动，有着众多啤酒厂和热情感性的人民的慕尼黑更激烈。11月9日柏林革命的前几天，巴伐利亚君主制——维特尔斯巴赫王朝的最后一代被推翻了，一位自由思想的犹太记者库尔特·艾斯纳被推举为总理。但是艾斯纳空想的、毫无成效的执政（柏林一家报纸讥讽其为现实中的木偶剧）只维持了不到100天，他在2月21日被一位反动的年轻贵族军官刺杀了。一个由工人、农民和士兵组成的左翼联盟掌握了政权，他们向全国人民呼吁进行总罢工，并宣布实行戒严。由马克思主义者驾驶的装有机枪的卡车在街道上行驶，扩音器里响起"为艾斯纳报仇"的口号。共产党人占领了银行、酒店和其他公共建筑，对新闻界实行了审查。

当贝拉·库恩领导下的共产主义政权在匈牙利掌权的消息传到慕尼黑时，慕尼黑的马克思主义者们受到鼓舞，将艾斯纳的继任者约翰内斯·霍夫曼赶下了台。随着革命的怒吼，左翼领导人宣布苏维埃政府成立。但共产党的统治是短暂的——因为"白色恐怖"正在酝酿之中。来自北方的国防军和自由军团镇压了起义。其中最引人注目的是埃尔哈特旅，他们头戴饰有"卐"字标志的头盔，嗜好杀人。在普赫海姆，军队屠杀了被德国赤色分子释放的52名俄国战俘，一队去救治马克思主义者伤员的医护人员也遭到了同样的命运。在佩拉赫，十几名作为非战斗人员的工人被枪杀，被俘的德国共产党人被当场处决。 在红色政权的最后一天，一名惊慌失措的官员犯了一个可怕的错误，下令处死被扣押的右翼人质。十名囚犯被杀，其中包括一位王子、一位画家、一位雕塑家、一位铁路官员、一位男爵和一位年轻的女伯爵——所有这些人都是普通德国人倾向于欣赏的。消息在慕尼黑迅速传播，处决发生在校园里更是加剧了人们的厌恶。第二天即5月1日，国防军和自由军团的军队从四面八方攻入城内，用迫击炮和手榴弹扫荡了红色据点，街道上到处是尸体。为了替人质们报仇，军队挨家挨户地将有马克思主义者嫌疑的人拖出来加以胡乱的审判和处决。慕尼黑与左翼的暧昧关系永远地结束了。

希特勒并没有参与这些事情，他在3月份回到了原来所在团的营房并一直待在那儿。在后来的日子里，他说有一天他曾用卡宾枪与三个来逮捕他的赤色分子对峙，但没有证据支持他的说法。无论如何，随着右翼的胜利，命运正在向他招手。在接踵而至的对军队的清洗中，希特勒毫不留情地指证那些投奔革命的战友，他们中的许多人面临被枪决。但对希特勒来说，这不是告密者的问题，他对左派又恨又怕。红袖章使这些人不再是同志，而是敌人。他的举动引起了卡尔·迈尔上尉的注意，他让希特勒当了一名密探，并送他去慕尼黑大学参加一个由军队赞助的反共产主义的灌输课程。在那里，

混乱的慕尼黑

1919 年 2 月 21 日，在巴伐利亚共和国的总理库尔特·艾斯纳遇刺后，在当地共产主义领袖的号召下，成千上万的工人在慕尼黑掀起暴动。经过将近两个月的近乎无政府状态，中央政府派遣了 30000 名自由军团士兵到这座混乱的城市，重建其权威。

5 月 1 日，在其他右翼分子的帮助下，这些冷血的士兵冲进慕尼黑到处搜捕，屠杀了 1000 名嫌疑共产党人。虽然秩序被恢复，但慕尼黑这个城市仍充斥着有待解决的问题。

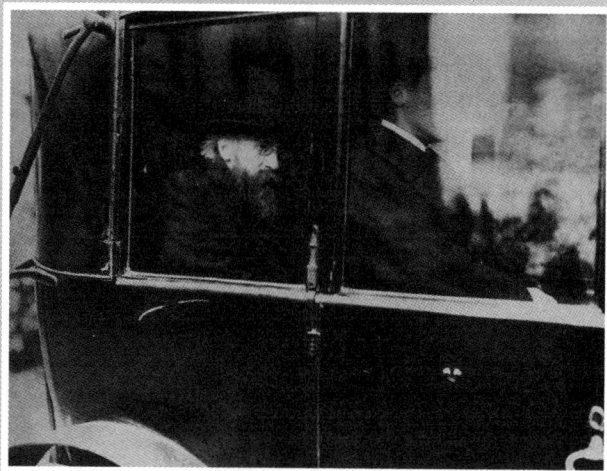

巴伐利亚共和国总理库尔特·艾斯纳在他短暂的执政期间，乘车去参加一个会议。

1919 年，库尔特·艾斯纳被刺杀后，工人和士兵们挥舞着共产主义的红旗，涌向慕尼黑市中心。

197

PANZERAUTO WELCHES E
IN DIE KÄMPFE EINGRIF
MÜNCHEN 2 MAI.
PhoT. H
Schnell

在屋顶的制高点上，一名狙击手正监视着巴伐利亚首府的一条街道。在这场短暂而血腥的战役中，自由军团只损失了70名士兵。

乘着画有骷髅头的装甲车，自由军团士兵开进慕尼黑。一名军官告诉他的手下："杀死几个无辜的人比让一个有罪的人逃脱要好得多。"

志愿市民保卫部队的人穿着巴伐利亚民族服装在慕尼黑游行。在夺取了这座城市后，右翼联盟从窗户上扯下红色的共产主义旗帜，换上巴伐利亚的蓝白旗。

在一张德国工人党早期党员招募活动的照片中，戴软呢帽的左起第二人是希特勒。上面的卡片显示，希特勒于1920年1月入党。在他的建议下，该组织更名为民族社会主义德国工人党，这一冗长的名称后被缩写为"纳粹"（Nazi）。

希特勒补充了滋养他充满仇恨的阴谋论的肤浅知识的核心。有一天他听到有人在为犹太人辩护，他感到越来越愤怒，于是走上前去反诘。在他狂热的谴责中，以及在随后对其党羽的演讲中，他发现了他的伟大武器，一种将对人类的未来产生灾难性影响的能力："我知道如何说话！"

其他人也很快就察觉到了这种神奇的天赋。一位教授回忆说："士兵们着迷地站在一个男人周围，倾听用一种奇怪的喉音对他们热烈地慷慨陈词，而且越来越激动。我有一种奇怪的感觉，这个人正在从他自己激起

1920 年，德国工人党租借了一间啤酒馆的密室作为总部。希特勒后来说："这是一间有拱顶的小房间。到了阴天，房间里的一切都很暗，我们用我们的会议通告海报照亮了墙壁，并首次挂起了我们的新旗帜。"

的兴奋情绪中获得能量。我看到一张苍白、清瘦的脸，头发披散在前额，一撮修得很短的胡子，他那双引人注目的淡蓝色的大眼睛闪烁着的冷酷而狂热的光芒。"

迈尔监控着慕尼黑比比皆是的右翼政治俱乐部，并拥有一笔非法的军队基金用来扶植其中任何看起来有发展前途的组织。1919 年 9 月 12 日，他指示希特勒穿上便服，去监视一小撮邋遢的、自称德国工人党的人。该组织在一个名为施特内克啤酒的啤酒馆酒窖的密室里举行会议。在这个拥有众多啤酒厂、优质啤酒和忠实啤酒迷的社会，啤酒窖是许多此类团体的大本营。当丰满的女招待端着源源不断的冒着泡沫的啤酒杯四处走动时，桌边的酒客们听着演讲，随时准备在雷鸣般的赞同声中敲打他们的杯子，或者把它们像火箭一样送飞出去。吵闹的气氛对一个软弱的演讲者来说是致命的，而对希特勒来说却是再好不过了。在施特内克啤酒馆的这个夜晚，大约四十多位听众被一系列无聊的演说搞得昏昏欲睡。正当希特勒要离开时，一位叫鲍曼的教授发言，主张巴伐利亚脱离德国，并与奥地利合并。

在巴伐利亚，这是一种普遍的观点，这里和蔼可亲、情绪化的人们感到自己与北方倔强顽固的普鲁士人格格不入。但希特勒对此深恶痛绝。他的以某种方式将自己与日耳曼的伟大联系起来的梦想，取决于一个强大而统一的国家的存在。希特勒站了起来，在 15 分钟的愤怒反驳中，他把教授彻底摧毁了。他后来说："这个可怜的人像一只被淋湿了的贵宾犬一样离开了大厅。"之后，该党主席安东·德莱克斯勒把一本小册子塞给了希特勒，并促请他再次光临。在这本粉红色封面的 40 页小册子里，希特勒发现了自己半生不熟的仇恨与阴谋理论的回响。

德莱克斯勒，35 岁，机械师，一个沉默寡言、古板的人。他是一个真正的工人，但并不喜欢工会或左派。实际上，他与极端民族主义者、狡猾的右翼组织"修黎社"有联系，该团体共有 1500 个有影响力的成员分散在巴伐利亚各地。这个社团用"卐"字作为标志，并出版了一份叫《慕尼黑观察家》的报纸。这份报纸把种族主义作为其核心思想，一直强调以雅利安血统为荣，以及被劣等的犹太人和斯拉夫人稀释血统的恐怖。该组织联系德莱克斯勒是因为它希望煽动一场工人革命，但对工人一点都不了解。其成员之一，体育专栏作家卡尔·哈勒和德莱克斯勒合作成立了他们所谓的"政治工人圈"，之后不久就变成了德国工人党。起初，希特勒对这个无足轻重的组织嗤之以鼻，它的办公室和金库仅仅是一个雪茄盒，里面有几张纸和刚好 7 个马克。"可怕，可怕，"他哼了一声。但随后他开始看到了潜力。他后来写道："这个荒唐的小团体及其为数不多的成员在我看来有一个好处，那就是它没有僵化成一个'组织'。"这可能是一个理想的工具，将为他提供人生中第一次领导的机会，成为一位元首。

在迈尔上尉的支持下，希特勒全身心地投入到德国工人党的事务中去。以前，该组织出席人数惨淡的会议是通过手到手传递的纸条或在公告板上张贴海报宣布的。但希特勒凑足了钱，在《慕尼黑观察家》报上刊登广告，并于 10 月 16 日在皇家啤酒屋的酒窖里举行了该党第一次真正的公开会议。希特勒并不指望有多少人会来参加

会议，但随后来到的 111 个人几乎挤满了整间屋子。希
特勒在会上很快就让他们发出了赞同的嚎叫，并用他对
柏林的阴谋家和犹太人出卖德国的抨击让听众们激愤地
在桌上敲打起酒杯。当募捐的帽子被传回来时，收入竟
达到了惊人的 300 马克。希特勒要求召开一次更大规模
的会议，入场费为半马克。其他政党从未像这样收过费，
但没想到，到了 11 月 13 日，有更多的人花了半马克来
倾听希特勒对《凡尔赛和约》的痛斥以及他的呼喊："我
们必须站起来，为事情不能继续这样下去的想法而斗争。
日尔曼的苦难必须靠日尔曼的武力来摆脱。"

德国工人党现在有了自己的办公室（迈尔上尉付
的租金），希特勒还雇了一个业务经理。会越开越大，
希特勒订购了血红色的海报，他知道这种共产党的颜色
会激怒左派，引来诘问者——而这些人可能转而会被暴
力压制。这将是一个激动人心的夜晚——政治就是戏院。
警察开始监视这些集会，但并不干涉。希特勒仍是军营
里的一个士兵，他建立了一支由强悍的老兵组成的骨干
队伍，称之为"纠察队"，用来对付反对者。这些恶霸
男孩后来成长为该党的"冲锋队"队员。希特勒这样描
述他们："敏如猎犬，韧如皮革，坚如克虏伯的钢铁。"

1920 年 2 月 24 日，德国工人党当时最大的一次会
议召开，超过两千人涌入皇家啤酒屋，纠察队则站在
那里随时准备砸碎异见者的脑袋。希特勒令他的听众
激动不已，晚上他宣读了他和德莱克斯勒起草的著名的

《二十五点纲领》，这将成为纳粹主义的基础。宣言的
4 大主要内容是：扩张领土，为屈辱的《凡尔赛和约》
复仇；反对资本主义的模糊的马克思主义观点（在后来
的日子里，希特勒不会让这些观点妨碍他向德国实业家
示好）；对犹太人的制裁；以及一个听起来陈词滥调但
实际上是独裁统治基础的政府方案。后者的核心内容被
以雷鸣般的语调读出：共同利益高于个人利益。

希特勒演讲完后，人们跳到桌椅上，巨大的啤酒
馆大厅里到处回荡着一位记者所说的"可怕的骚动"。
这天晚上，希特勒看着空荡荡的皇家啤酒屋，他感到一
件对他来说意义重大的事情发生了。他后来把他当时的
感受写了下来。在一个版本中，他把这次会议描绘成点
燃了为解放德国而锻造一把新的齐格弗里德之剑的火
焰。在另一个版本中，他写道："当我最终结束会议时，
不止我一个人认为，一头狼已经诞生，它注定要冲进那
群欺骗者与人民的错误领导者当中。"

整个 1920 年，该党一直在招募成员，到了 12 月，
德国工人党已经有了 3000 名忠诚的党员，更有成千上
万的支持者。党被重新命名为"民族社会主义德国工
人党"，德语中的前两个音节被分解成一个简单的绰
号：Nazi，"纳粹党"。希特勒选择了"卐"字作为党
的标志。现在他已经退伍，住在破旧的房子里，他花
了好几天时间为这个符号寻找最有力的设计，最后决
定以一片煽动性的红色为底板，在白色背景上画上宽

大的黑色线条。党是希特勒的生命，他几乎没有朋友，无论男女。他的特殊之处在于，虽然他可以和成千上万的听众交流，却很难与个人接触。但他是一个天生的演说家，不仅能与他的听众的痛苦和饥饿保持合拍，而且能与他们建立一种超然的默契，直到在昏暗的大厅里，在啤酒和雪茄烟的浓重气息中，那个咆哮的声音成了他们自己的表达。

当听众的头脑稍有犹疑，希特勒就会立即开始他的演讲。在演讲中他感受到听众的情绪之后，他的语调也会随之急升，他的呼吸加快，他的眼睛闪烁着激情，很快，他的话语一浪高过一浪地冲击着听众，振奋他们，也俘虏他们。一位名叫康拉德·海登的观察家说："在这个看起来不太可能的生物身上，存在着一个奇迹：他的嗓音，一种咽喉的雷鸣。"另一位同时代人奥托·施特拉瑟说："他生生地触及每一个个体的痛处，解放大众的无意识，表达其内心深处的渴望和最想听到的话。"在探究了德国战后的痛苦之后，希特勒把所有的问题都归咎于犹太人，并许诺一个充满荣耀、压迫者被摧毁的未来。希特勒喜欢在最后甩出手臂，高呼："德意志！德意志！德意志！"这句话在死一般的寂静中嘶哑地响起——然后是疯狂的掌声，杯子像炮声一样砰砰作响。

在两三个小时的演讲之后，穿着紧身蓝色西装和高领衬衣的希特勒会大汗淋漓，表情中充满了满足和平

一位崇拜他的艺术家在这幅广为流传的画作中将希特勒提升到了救世主弥赛亚的地位，并借用《圣经》经文将作品命名为《太初有道》。一位同时代人写道，希特勒"可以像大师一样在中产阶级那调校良好的心灵的钢琴上演奏"。

静，因为爱的倾泻——尽管是基于仇恨——冲刷着他。没有什么会比感受到听众拜倒在他脚下的力量更能让他满足的了。当然也没有什么比这更能增强党的力量了。

这样的天赋是无法解释的，希特勒努力精益求精，以使其形象和技巧更加完美。他经常穿一件风衣，戴一顶黑丝绒帽子，手持一根沉重的狗鞭作为其权威的象征。他练习手势，观看喜剧演员如何控制观众，上表演课，评估音响效果，并深入思考如何营造语言信息。他仅利用少数几个观念，就一次又一次地把这些信息灌输到人们的头脑中去了。他说，如果你撒谎，那就撒大谎，因为即使是最离谱的谎言，只要你足够坚持，也总会有一点成效。永远不要犹豫、永远不要克制、永远不要在正确性甚至哪怕是礼貌上向对方作出一丁点让步。攻击，攻击，攻击！

1921 年 7 月，希特勒的地位已经足以要求完全控制党了。他以辞职相要挟，逼迫德莱克斯勒和其他人承认他至高无上的权力。从那时起，当希特勒签署一份文件时，便在自己的名字下面加上"民族社会主义德国工人党元首"的称号。首先，希特勒专注于巩固自己的统治，并准备把纳粹党从巴伐利亚发展到全德国。为了提高效率，希特勒任命了一位名叫马克斯·阿曼的新的业务经理来管理党员事务以及日益增长的党费。希特勒同时成立了一个以他为首的 3 人行动委员会，下设 6 个由他的亲信领导的工作委员会。

赫尔曼·埃塞尔以前是一位记者，长于言辞，他成了宣传部长。迪特里希·埃卡特接任《人民观察家》报的编辑——纳粹党从修黎社手中买下了《慕尼黑观察家》并改名为《人民观察家》，部分资金来自迈尔的秘密军队账户。此二人都赞颂希特勒和"领袖原则"（即铁腕统治）的理念。作为一个小有名气的诗人、记者和翻译家，埃卡特有一副粗糙的无产阶级外表，不过无论在社交沙龙还是在啤酒厅里都很受欢迎。他比希特勒年长 20 岁，即使还谈不上好似父亲一般，他也至少使自己成了希特勒天性所能接受的一位知己。作为一个聪明、有文学修养的人，他把希特勒对瓦格纳神话和北欧荣耀的杂乱意识灌输给了观众，令他们着迷。他同时还把这位年轻的煽动者引入了财富和地位的圈子，在此过程中打磨希特勒的举止。没过多久，有权有势的人就开始落入德莱克斯勒掉进的陷阱，他们以为自己可以利用希特勒，但事实却恰恰相反。

爱沙尼亚难民阿尔弗雷德·罗森堡是埃卡特的门生之一，他向元首介绍了臭名昭著的《锡安长老会纪要》；这一早已声名狼藉的无耻伪造品据称是犹太人统治世界阴谋的文本。然而犹太人的"阴谋"符合希特勒的需要，所以他的余生一直都相信它，并因为对它的利用而造成了可怕的后果。罗森堡成为党的主要理论家及其信条的制定者：优等的日耳曼种族的优越性及其固有的统治权；暴力和战争的神圣之美；犹太人在生理上和精神上的低劣。

还有一些人将在纳粹党的历史上占据重要位置：鲁道夫·赫斯，曾经是一战时希特勒所在团的一名军官，他会以狗一样的忠诚为他的元首效劳；恩斯特·罗姆上尉，一名仍在服役的军官，将为该党输送武器；赫尔曼·戈林，一名潇洒的飞行员和战时英雄，获得过德意志帝国最高英勇奖章"功勋勋章"（蓝马克斯勋章），将最终成为希特勒的二把手。罗姆和戈林将在"冲锋队"中扮演关键角色，这个由残忍的年轻人组成的团伙正发展成为纳粹党的暴力要素。

暴力一直是希特勒观点的核心，因为暴力可以引起注意，灌输畏惧，博取尊敬，引向统治。1921 年 8 月，希特勒重组了"纠察队"，并起了一个掩饰性的名字："体育运动队"，但不到一个月，又决定把这个组织称作"冲锋队"，而这才是它的真实面目。不过，无论叫什么名字，冲锋队的作用已经远远超出保卫纳粹党的集会了。这个暴力组织主要招募退伍老兵，并组成 100 人的准军事小队，在乡间道路和田野里操练，然后到慕尼黑街头寻衅闹事。

冲锋队员们挥舞着短棍蜂拥到左派的集会上，对人们打脸敲头。希特勒宣称他的队员们将"无情地阻止所有可能分散我们同胞注意力的会议和演讲"。犹太人遭到了特殊的暴行，犹太会堂被破坏，犹太人在街上被肆意殴打，冲锋队员们拿着写有"为屠杀犹太人捐款"的盒子在啤酒馆里转来转去。但左派和犹太人仅仅是众多

古代护身符
的重生

据主流看法，被希特勒作为其政治运动象征的"卐"字符号，最早起源于6000年前的中东。这个标记来源于梵文，原义是"致福"。这个标记此后传遍了欧洲和亚洲。无论是希腊花瓶还是印度教寺庙都有这一符号出现。19世纪的德国学者声称这个吉祥符号是一个古老的日耳曼标志，到1912年，已经有6个极端民族主义组织在日常使用的信笺和定期出版物上使用这个标记。商业公司推出了带"卐"字的领带夹、皮带扣和其他小玩意儿，以满足人们对日耳曼传统象征日益增长的需求。

当1920年希特勒为纳粹党的旗帜征集设计方案时，其支持者的设计稿潮水般涌来，其中绝大部分都或多或少地使用了"卐"字符号。他修改了巴伐利亚一位牙医的设计，得到了一面很快就引起一些人的恐惧和厌恶以及另一些人的盲目追随的旗帜。起初希特勒拒绝使用红色、黑色和白色，但最后得出结论，他的设计为旧帝国的颜色注入了活力。他写道："它是年轻的、崭新的，就像我们的运动本身"，"它有一种燃烧的火炬的效果。"

已知最早的"卐"字装饰之一出现在下图的陶碗上。这只碗在萨马拉（古巴格达）被发现，可以追溯到大约公元前4000年。

对于党的新旗帜，希特勒阐释道："红色代表运动的社会理念，白色代表民族主义理念，'卐'代表着雅利安人为胜利而奋斗的使命。"

目标中的两个而已，无论何人何事，只要招致纳粹的
不满都是危险的，冲锋队员们甚至会冲进剧院
叫停那些元首认为颓废的戏剧表演。希特
勒明白权力在于对公共场所的控制，纳
粹的格言是：谁征服了街道谁就征服了
群众，谁征服了群众谁就征服了国家。

希特勒变成了一个宣传大师，一
切都是为了效果而设计的。因为红色
的冲击力，他首先选择了红色作为他
的颜色。他采纳"卐"字作为标志，因
为它与复克什运动有关，也因为埃尔哈特
旅已经让它代表了日耳曼意志的主张。他毫不
吝啬地展示这个符号：在臂章、翻领别针、横幅上，在
越来越大的旗帜上。希特勒喜欢仪式，喜欢游行，喜欢
狂暴的年轻人，喜欢进行曲，喜欢歌唱，喜欢吟诵，喜
欢宏大的颜色阵列。他举行升旗仪式，旗帜在刺耳的乐
曲声中招展飞扬；色彩、符号、景象、声音都在一种戏
剧、歌剧、大弥撒和战争味道的怪异组合中冲击着人们
的感官。随着队伍不断发展壮大，希特勒同时举行着多
场集会，从一个集会赶到另一个。他的每一次出现都很
有戏剧性：一位发言者在说到一半时被这位伟人在门口
的意外出现突然打断，屋子里回响起"嗨！"的尖叫声，
希特勒则大步走上前去，向人群激昂陈词。

纳粹党在这一时期令人惊异的迅猛发展直接反映

古斯塔夫·冯·
卡尔致力于恢复巴伐
利亚君主制。他在
1923 年 9 月成为巴伐
利亚州的行政长官。
他在镇压"11 月啤酒
馆政变"时所扮演的
角色注定了纳粹上台
之时就是他的死期。

了巴伐利亚日益加剧的动荡。希特勒公开宣称要革命。他认为柏林的政府是软弱的、颓废的、马克思主义的，因而他经常声称自己的目标是推翻这个政府，他想把"十一月罪犯"吊死在街灯柱上。巴伐利亚人喜欢这样的言论。新加入的人是如此之多，以至于党员名册落后了好几周。1922年初，纳粹党大约有6000名党员，而在这年8月，纳粹党的一场露天集会吸引了50000名观众，他们目睹了600名冲锋队员的游行。到1922年底，警方估计纳粹党已经有10000名党员了。其后一年里，纳粹党招募了35000名新党员，冲锋队员的人数也增加到了近15000人。

希特勒正向所有的巴伐利亚人表明，他和他的纳粹党不容小觑，这正是他访问科堡的目的。科堡位于慕尼黑以北140英里，是一个社会党势力主导的城镇。1922年10月，右翼人士邀请希特勒去那里参加德国国庆庆典，并建议带一些"贵组织的绅士"过来。抓住这一良机，希特勒带领800人、一支军乐队和一大堆纳粹旗幡，乘专列到达了科堡，这无异于向科堡的社会党人宣战。警方担心出现麻烦，禁止纳粹们列队走出车站，也不允许他们42人的乐队演奏或展示旗帜。希特勒无视了这一命令。后来他写道："我命令旗帜和乐队走在最前面，队伍就形成了。"

走在纳粹队伍最前面的是8名身形巨大的冲锋队员，接着是旗手，然后是希特勒本人，大步行进在自己队伍的前列。当他们的队伍离开车站时，一群社会党工人向他们大骂道："凶手！""罪犯！""强盗！""流氓！"石头和瓦砾雨点般砸向纳粹党徒，一群群人挥舞着铁棍和钉棒冲向游行队伍。希特勒转过身，用他的手杖示意，在这个提示下，冲锋队开始行动。冲锋队员们精于街头格斗的战术，几分钟后就把街道清理干净了。社会党人重新集结，再次尝试，但又一次被纪律严明的纳粹痛击——这次是在警察的帮助下。"他们和我们一样对街头暴民充满了厌恶"，一名纳粹党员回忆道。

那天晚上，希特勒在1000名怒吼的右翼分子面前发表了他最精彩的演讲之一，他提出纳粹党是解决所有问题的办法，并以这段话作结："我们的'卐'字与其说是我们组织的标志，不如说是一面胜利的旗帜。无论是柏林的宫殿还是乡间的农舍都会也必将飘扬起这面旗帜。通过准备行动实现复兴是我们对即将到来的伟大德意志祖国的回答。"

第二天，冲锋队员们又一次穿过科堡，纳粹的力量对市民们产生了显著的影响：旧帝国的旗帜在窗口出现，人们为穿过大街的冲锋队员们欢呼。在科堡逗留了两天后，希特勒和他的大军乘上火车隆隆地消失在夜幕中。整个德国的报纸都呼应了《科堡人民报》的头条标题："科堡在希特勒的控制之下，政府向希特勒卫队投降。"

对于科堡的警方站在自己这一边，希特勒应该并不感到惊奇。总的来说，各地的警方对于左派都有一种发自内心的反感。而在慕尼黑，纳粹长期以来一直享受着与当局合作的便利。威廉·弗里克博士是慕尼黑警察局政治部的负责人，他后来解释道："我们意识到，这场运动不应该被压制。在纳粹党身上，我们看到了德国复兴的希望，这就是我们保护希特勒的原因。"这种态度自高层散发出来。慕尼黑警察局长恩斯特·珀纳也热情地支持希特勒。这位高大的贵族因一句调侃而名声大噪。当被告知巴伐利亚正在发生政治谋杀时，他透过夹鼻眼镜瞟了一眼，答道："是的，但还不够多！"他公然包庇纳粹冲锋队日益猖獗的行为，最令人发指的行径也顶多只会受到一些名义上的惩戒。有一回，希特勒因一次特别严重的暴力事件而入狱一个月。在此期间，他又参与殴打了一名分离主义政治家。不过在通常情况下，慕尼黑的官员们都对希特勒放任不管，因为他们认可他的目标和手段。

然而，真正的权力在州一级，在驻扎在巴伐利亚的那部分德国军队。尽管名义上从属于柏林，但巴伐利亚拥有一个由行政长官领导的或多或少自治的政府。1922 年 11 月以后，行政长官的职务由欧根·冯·克尼林担任，他被广泛认为是古斯塔夫·冯·卡尔的代理人，所有人都认为一旦发生危机，卡尔就会接任。

卡尔是一个矮胖、狡猾的人，坐着的时候他巨大的脑袋从隆起的双肩之间向前探出。他是个彻头彻尾的保守派，一个狂热的君主主义者，最大的愿望是以王位

觊觎者鲁普雷希特王储为继承人，让维特尔斯巴赫家族
重登巴伐利亚王座。自由军团 1919 年镇压共产党起义
后，卡尔曾短暂担任过行政长官，上任的同时很快就与
柏林政府产生了矛盾。他既不喜欢也不信任希特勒，而
希特勒也以牙还牙，但两者又都希望利用对方，所以他
们彼此间谨慎地周旋着。

　　双方都明白，没有巴伐利亚警察和军队的支持，或
者至少是默许，任何夺权或政变都是不可能成功的。到目
前为止，这两个组织似乎都不急于看到希特勒掌权。警方
的指挥官是雄心勃勃的年轻贵族汉斯·里特尔·冯·塞瑟
尔上校，他的立场是显而易见的。通过内政部长，塞瑟
尔警告人们，他的手下会击毙那些大街上的政变分子。
希特勒许诺不会发动政变，这在某种程度上是诚实的。
他并不是要统治巴伐利亚，而是要借助巴伐利亚的力量
来统治整个德国。在随后的一切中，他认为自己和巴伐
利亚当局基本上是站在同一边的。

　　这场大戏的真正关键是由优雅而冷漠的普鲁士人
汉斯·冯·泽克特将军指挥的德国国防军。军队是德国
仅存的国家权力中心，既想生存，也想消灭马克思主义
者。从一开始，军队就把协约国下令销毁的武器藏了起
来——不仅仅是轻武器和弹药，还包括大炮、卡车和装
甲车。有时，武器被有选择地出借给右翼组织用于对付
左派。在巴伐利亚，负责这种分配的人是狂热的纳粹分
子恩斯特·罗姆。

20000 名纳粹分子无视政府对公开集会的禁令，于 1923 年 1 月 27 日涌入慕尼黑参加长达 3 天的党日活动。第二天，2000 名忠诚党徒聚集在慕尼黑马斯菲尔德，参加向新成立的冲锋队授予"卐"字旗的仪式。

216

　　罗姆上尉是一名精力充沛的巴伐利亚军人，矮小、强壮、面色红润。他在战争中因鼻梁骨被子弹打掉而致残。他担任了巴伐利亚军区司令员的政治顾问，并跟随迈尔成为了慕尼黑右翼组织的教父。罗姆一开始就加入了希特勒的政党并对其发迹有着至关重要的作用。正如埃卡特让希特勒得到了社会认可一样，罗姆让他在军事圈子里也有了地位，还招募了组建冲锋队的核心班底。

罗姆的想法很简单："我是一名军人。欧洲乃至整个世界都可能毁于一旦。对我们来说最重要的是什么？德国必须生存下来并获得自由。"

巧合的是，1923 年初，罗姆有了一位新的司令员。思想独立的巴伐利亚人持续考验着柏林政府，而军队也一样。尽管巴伐利亚的军队宣誓要维护国家，但他们心中更深层次的忠诚往往似乎只在于自己的家乡。在那段混乱的时期，到处都在谈论政变，泽克特觉得派遣一位新的领导人即奥托·冯·洛索将军是明智的，以确保巴伐利亚军队明白应该听谁的命令。

罗姆把希特勒推荐给了洛索。这位新来的将军是个贵族，对于希特勒这位公认的独裁者，他几乎无法掩饰自己的鄙视。他认为希特勒是个无知但很有影响力的煽动家。对洛索而言，他自己的地位也很尴尬。作为一个巴伐利亚人，他理解自己家乡的愁苦，并与君主主义政治强人卡尔关系密切。不过此时，没有人知道接下来将会发生什么。拥有权力的人，不论是政治上的还是军事上的，都不知道该往哪边跳。洛索在即将发生的戏剧性事件中将成为一个主要因素，他想知道希特勒是否有用，于是就决定对他进行一些试探。

还有一个军方的不确定因素。著名的将军埃里希·鲁登道夫尽管已经离开了军队，但他无论在现役士兵还是在退伍军人心中还是很有威望的。在 1920 年的卡普政变失败后，他从柏林逃到了慕尼黑。这个右派的城

市让他感到安全，他接待了一批又一批的访客。几乎没
有一个阴谋是他不知道的；他兼听广览，却从不承诺。
洛索到任时，希特勒已经向鲁登道夫示好一年多了。前
下士和前将军的关系不出所料，希特勒诌媚，而鲁登道
夫轻蔑。

　　1923 年初，德国的问题已经成了灾难。马克的飞
速贬值和法国占据鲁尔区使巴伐利亚民族主义者的情绪
激化。希特勒欣然利用起这些事件挑起人们的仇恨，他
大声疾呼，以他恶魔般的信念去看，问题全出在被犹太
人的巨大阴谋主宰了的柏林腐朽的民主。这种粗暴的煽
动促进了纳粹党的发展壮大，但人们的期望值也一步步
升高。冲锋队不安地等待着行动的命令，他们期望随时
发动政变。

　　希特勒的力量日益壮大的一个迹象出现在 1 月份，
他下令在这个月举行一个大型的党日活动，包括十几场
支持者的集会，以及数千名冲锋队员的列队游行。在审
查这些计划时，巴伐利亚当局考虑到持续不断的关于纳
粹政变的传言，决定禁止整个活动。希特勒被当局的决
定震惊了，他认为自己是在替巴伐利亚做工作。他立刻
意识到，退缩会破坏他在追随者心目中的形象，他除了
硬着头皮去挑战，别无他法。纳粹无论如何都要游行，
哪怕警察开枪，希特勒也准备亲自迎接第一颗子弹。"第
一枪后两个小时，政府就会完蛋！"他吼道。然后，他
又转而谦卑地向洛索将军求助，后者则不情愿地向当局

求情。希特勒的 12 次啤酒馆集会只被批准了 6 次，并
且冲锋队的户外游行也被禁止。元首同意了——然后仍
然举行了 12 次集会，他的大
规模户外列队游行也依然照
常进行。信息很明确：在慕
尼黑，纳粹党与政府对着干。

　　无论如何，到了 5 月，
希特勒已经走得太远了。尽
管得到来自警方的警告，他
还是决定去破坏左翼团体策
划的五一游行。接着有传言
说，在巴伐利亚苏维埃共和
国时期就隐藏起来的非法共
产主义准军事部队将保卫这
次游行。这正中希特勒下怀，
他要消灭红军，不过他需要
军队的武器。他和罗姆因而

提出了请求（几乎可以说是要求），但被洛索一口回绝，
这令他们感到大为惊讶。于是罗姆以自己的名义厚颜无
耻地擅自打开了军火库。当洛索得知这种不服从命令的
行为时，他做出了与任何一个德国将官一样的反应。满
载正规军的卡车呼啸着冲到冲锋队领取武器的体育场；
纳粹突然发现自己被包围了，他们感到难以置信，然后
不得不归还了武器。

恩斯特·罗姆利
用其地区指挥官参谋
的职务在慕尼黑为纳
粹提供人员、资金和
武器。在该党成员开
始使用粗暴的战术
后，他的庇护使其免
受地方当局的管制。

左派们策划的五一游行没有受到阻挠。在慕尼黑和其他任何地方，希特勒及其爪牙的信誉急剧下降。罗姆因为"严重渎职"被从其颇具威望的参谋职位上踢了下来，被指派到一支步枪连。挫折只是暂时的，到了9月，随着事态的升级，希特勒又做好了准备。他之前指责柏林政府容忍法国占据着鲁尔区，并嘲笑政府的消极抵抗运动，现在他以同样的毒舌攻击政府结束抵抗的决定。此时，马克的价值正进入自由落体阶段，他也对此大加谴责。希特勒的暴力修辞使他的党又重新恢复了生机。

不过，一次位于慕尼黑以北90英里的纽伦堡举行的右翼分子大型集会吸引了20多万名支持者，元首只是站在检阅台上的众多领导人之一，鲁登道夫这位名将才是人们关注的焦点，他严肃地接受游行队伍的敬礼，而希特勒似乎正悄悄接近这位伟人。

局势越来越紧张。停止鲁尔区的消极抵抗极大地伤害了德国所有人的尊严和荣誉。更为严重的是，到此时，货币已经几乎没有价值。一杯啤酒在柏林阿德隆酒

战斗英雄赫尔曼·戈林。他在曼弗雷德·冯·里希特霍芬死后，于1918年指挥德军著名的"飞行马戏团"战斗机联队。他于1922年加入了希特勒的纳粹党，因为"它是唯一一个有种说'让《凡尔赛和约》见鬼去吧！'的政党"。

店卖到 350 万马克；第一天晚上的一顿晚餐的钱几乎买不起第二天早晨的一杯咖啡。有一个令人哭笑不得的笑话说，小偷发现一大篮子钞票，却丢下钞票拿走了篮子。人们不断谈论着革命，在巴伐利亚以北的萨克森和图林根，共产主义准军事组织正准备建立红色政权。在巴伐利亚当地，社会结构似乎处于撕裂的边缘。行政长官克尼林将权力移交给卡尔，任命他为州长——实际上是独裁者。卡尔立即明白只有在警察和军队的全力支持下才能控制局面。于是卡尔、塞瑟尔，以及最重要的是洛索将军，就形成了一个 3 人统治集团。与此同时，希特勒操纵着将三人推向他想要的方向。

9 月和 10 月是危险和机遇并存的时期。巴伐利亚领导人看到了各种可能性。共产党对萨克森和图林根的威胁可能为巴伐利亚提供了一个机会，以国家统一的名义入侵邻州，然后在民众的支持下，将进军的范围扩大到柏林。右翼圈子里经常提到的另一种前景是，泽克特将军可能会被迫建立一个国家军事独裁政权。而卡尔有他自己的计划：让巴伐利亚脱离德国，复辟维特尔斯巴赫王朝，并与南面的奥地利结盟。

身处统治集团之外的希特勒看到了入侵萨克森和图林根的机会，但另外两种可能却激怒了他。他知道，泽克特永远不会发动净化德国所必需的全面的血腥清洗，此外，他，希特勒，是唯一适合统治这个国家的人。他的反应是在《人民观察家》报的专栏中攻击泽克特，因为他有一个犹太妻子，从而暗示他是犹太－马克思主义大阴谋的一方。作为回应，愤怒的泽克特命令洛索关闭这家纳粹报纸。然而，这对独立自主的巴伐利亚人来说是无法接受的。州长卡尔命令洛索不要碰该报纸，这位将军服从了命令。

随着柏林和慕尼黑之间争端的不断升级，泽克特解除了洛索的指挥权。而卡尔随即迈出了重大一步。他宣布所有巴伐利亚境内的军队都是巴伐利亚人的，不再属于联邦军队。这在德国军队历史上是从未发生过的，也是对柏林的公然背叛。他要求并得到了对巴伐利亚效忠宣誓，并重新任命洛索为地区国防军的司令出于他自己的原因，希特勒支持这一令人震惊的举动。他在对步兵学院的军官学员们演讲时严肃地说："先生们，你们对国旗宣誓后的最高义务就是违背这个誓言。"

对抗的舞台已经搭好了，这正是卡尔计划之中的。他召见了自由军团的埃尔哈特少校，尖刻地把柏林政府描述成"泥脚巨人"，邀其加入反对柏林的行列。洛索和巴伐利亚国防军也将加入进来。这次行动的代号为"日出"，日期定于 11 月 15 日。但随后，在一连串的事件中，形势出现了戏剧性变化。泽克特派出正规军去萨克森和图林根镇压马克思主义者，而柏林政府也在经济上采取措施控制通货膨胀。风暴的乌云立时散开，州警察部队的塞瑟尔上校访问了柏林，并在 11 月初回来后对卡尔说了一些令人沮丧的话，现在不是发动政变的时候。

这时希特勒自己也面对着巨大的压力。所有天启式的演讲都令他的冲锋队员们陷入疯狂，指挥官们告诉希特勒，如果他不迅速采取行动，冲锋队将可能会在没有他的情况下游行，跟随任何可能出现的领导者。希特勒别无选择，他召集自己的同伙宣布了推翻巴伐利亚政府的政变计划，然后整个巴伐利亚将向柏林进军。政变的日期定在了 11 月 11 日。

那天是星期天，是攻击的理想时刻。政府机关工作停顿，官员们都离开了，警察和军队一如既往地放松。指令中包含了"伴着音乐前进"这个短语——而且将有充分的理由展示军事力量。11 月 11 日是德国 1918 年屈辱投降 5 周年，还有什么时间能比这一天更适合宣布德意志民族的复兴呢？

然而没过几天，希特勒突然取消了原定计划，选择了 11 月 8 日晚。实际上，古斯塔夫·卡尔已经为希特勒确定了新的行动日期。这位州长宣布将在拥有 3000 张座位的贝格勃劳凯勒啤酒馆里举行一次重要的会议，在会上他将概述他未来的经济和政府计划。希特勒也受邀参加这次会议，出席的还有形形色色的政要和煽动者。卡尔近段时间对希特勒非常冷淡，人们越来越怀疑他即将宣布自己的政变，而纳粹将被排除在外。政变打算使巴伐利亚脱离柏林的控制，恢复君主制的维特尔斯巴赫王朝，并任命卡尔为保守派复辟的领袖。所有这些对希特勒而言都是无法接受的。但是如果在那天晚上他能出人

希特勒从未取得过驾驶执照。这是 1923 年他乘的一辆大马力的梅赛德斯－奔驰车抵达一场集会。这是一辆改装过的赛车。由于德国的赛车比赛是顺时针方向进行的，车手坐在右侧有助于防止赛车失控。

意料地抢先采取行动的话，他就可能扭转局势，迫使卡尔、洛索和塞瑟尔向纳粹党就范，除此之外，几乎没有做什么计划。纳粹党人只需要拿下卡尔的会议，一旦行动成功，冲锋队会转向军事目标，包括军队司令部。

会议于晚上 8 时 15 分开始，贝格勃劳凯勒啤酒馆里座无虚席。当希特勒坐着一辆红色的梅赛德斯－奔

驰赶到时，卡尔已经絮絮叨叨地讲了 20 多分钟的经济
状况——事实上，他召集这次会议是为了谈论经济。在
希特勒到达会场后，紧接着的是几卡车身穿制服、全副
武装的冲锋队员。赫尔曼·戈林带着 15 人的小队穿过
门厅闯进会场，架起一挺重机枪，枪口对准了听众。希
特勒原计划大步走到讲台上宣布政变，但他的到来及其
手下架设机枪的声音造成了一片混乱。过道上挤满了大
喊大叫的人，希特勒在人潮中挣扎。这时卡尔已经停止
了讲话。在讲台附近，希特勒拿着手枪登上一张椅子，
并朝天花板开了一枪，人们一下子就安静了。

为 11 月政变积蓄力量，穿着制服的纳粹分子在纽伦堡的大街上行进（下图）。左图是希特勒参加一场阅兵。他旁边是阿尔弗雷德·罗森堡（着翼领衬衫者），党报的编辑。另一侧是弗里德里希·韦伯，与希特勒结盟的自由军事部队的领导人。

"国民革命爆发了！"希特勒疯狂挥舞着手枪粗鲁地喊道。他穿着一件常礼服，上面醒目地展示着他的铁十字勋章（一位目击者觉得他古怪而令人反感，称其为"可怜的小服务生"）。希特勒喊道："巴伐利亚政府和德国政府被废黜了！"接着不诚实地补充说，军队和州警察已经加入了新运动。他跳下椅子，翻过一张桌子，登上讲台，卡尔、洛索和塞瑟尔正站在那里，气得浑身僵直。"卡尔阁下，洛索阁下，塞瑟尔上校，"希特勒严厉地说，"我必须恭敬地要求你们站在我这一边，我保证你们的安全。"

在房间小侧室里，希特勒面对着自己的俘虏。他们默默地站着，瞪着眼，满腹狐疑，甚至有些轻蔑。塞瑟尔上校责备希特勒违背了自己不发动政变的诺言。"我所做的一切都是为了德国的利益，请原谅我。"希特勒这样回答道。他禁止他们互相交谈，然后解释说，他在巴伐利亚建立的新政权将会成为国家新政府的基础。他手里拿着枪，神经质地说："我有4颗子弹，如果你们辜负了我，3颗给你们，最后1颗留给我自己。"

在大厅里，人们越来越焦躁不安。对这场正在进行的显而易见的滑稽表演，人群中有人喝起了"杂耍助兴！"的倒彩。当抗议声升级成怒吼声时，戈林也朝天花板开了一枪。他登上讲台大声叫唤说，卡尔和其他人都没有危险，事情很快就会明了了。他喊道："不管怎么样，你们已经有你们的啤酒了，还有什么可担心的呢？"

埃尔哈特旅是自由军团里最令人生畏的一支部队。1923年10月，他们正在巴伐利亚北部边境等待命令。该旅向巴伐利亚当局宣誓成为紧急警察部队，被委派协助打击纳粹等武装极端分子，或进军柏林。

不久，希特勒回到了讲台上。他开始讲话，并迅速迈开了他那催眠术似的步伐。过了一会儿，雷鸣般的掌声就传到了侧室里那三个愤怒的人耳中。希特勒安排了他的新政府的职位：他将以独裁者的身份统治，鲁登道夫指挥军队，洛索负责国防部，塞瑟尔指挥国家警察，卡尔领导巴伐利亚。他打算拉拢这些人，而不是打败他们。

等候在其他啤酒馆里的冲锋队员们被告知：政变开始了。他们高兴地大喊大叫，蜂拥而出武装自己，准备进攻。一支400人的冲锋队逼近工兵营，那里只有一名军官带领7名士兵在看守着大量的武器。其他冲锋队员前往第1营营房，罗姆则率领一支特遣队去占领慕尼黑市中心的军队司令部。驻守办公室的军官威廉·达泽尔上尉很快投降并退往附近的一幢建筑物内。罗姆放上尉离开，因为他已经得到保证，洛索很快就会命令军队加入政变。军官训练学院里的学员是狂热支持希特勒的，不需要任何动员，他们兴高采烈地以一千人的强大阵容向贝格勃劳凯勒啤酒馆进军，这是第一个在纳粹的旗帜下公开行军的德国正规军编队。

但三巨头没那么容易被吓倒。当大名鼎鼎的鲁登道夫在一队冲锋队员的护卫下来到会场时，希特勒正变得焦头烂额。将军非常恼怒，因为他事先没有得到通知，而且希特勒已经将他所期望的最高位置据为己有。但他还是告知 3 位当权者，为了德国的利益，他们必须支持这次政变。就像军人对军人那样，他转向两位军官，吼道："好了，先生们，加入我们吧，向我保证。"据说洛索眼睛湿润、声音颤抖地接受了他老长官的命令。卡尔花了更长一段时间才承诺参与政变，最终也向鲁登道夫做出了保证。

这些人跟着元首回到讲台上，每个人都公开同意了新秩序。一位在场者回忆道，"希特勒容光焕发，洋溢着一种孩子般的喜悦"。政变成功了，现在是巴伐利亚，接下来是整个德国。难以抑制激动的希特勒记起了 5 年前许下的诺言："作为一名双目失明的瘸子，在医院里也并没有放弃。直到'十一月罪犯'被打倒，直到从今天可怜的德国的废墟中，诞生一个新的国家——一个伟

不当班的士兵们悠闲地站在贝格勃劳凯勒啤酒馆的拱形入口边。这是个一直很受欢迎的啤酒馆，而作为1923年"啤酒馆政变"的发生地，这里成了纳粹党的一个圣殿。纳粹分子认为这个地方是一个完美的掩护。正如他们中某人所说："没有人会怀疑一个把鼻子伸进一杯啤酒里的人。"

大、自由、光荣的德国。阿门！"人群一跃而起，"德意志，德意志高于一切"响彻整个大厅。

然后有消息说计划遇到了麻烦。在工兵营，唯一的军官和他屈指可数的士兵愚弄了400名冲锋队员，他们把冲锋队员锁在了练兵场里，并用机枪封锁了出口。希特勒急忙离开去处理这一问题，留下了鲁登道夫和3位首脑，而观众们则慢慢散去回家了。在路上，希特勒获知罗姆已经成功占领了市中心的军队司令部，于是就先去了那里，他对3位首脑的转变信以为真，以为来自洛索的命令将很快结束任何军事抵抗。他和罗姆都不知道，已经撤退到附近楼中的达泽尔上尉其实是把自己关在一间通讯室里。随着夜幕慢慢降临，达泽尔将在镇压政变中发挥关键作用。

在啤酒馆里，3位首脑对鲁登道夫建议说时间已经很晚，他们该回家了。将军同意了这一请求。于是这3位政变所依赖的人消失在了夜色中。当希特勒抗议他们的失踪时，鲁登道夫严厉地禁止他怀疑一名德国军官的承诺。

洛索立刻回到了他的地区司令部。他的一名部下尖锐地问道："阁下，那一定都是虚张声势吧？"很明显，他的军官们不会支持政变，并且他们很快就得到了柏林的支持。晚上11点半左右，慕尼黑事件的消息已经传到了首都。在内阁紧急会议上，艾伯特总统向泽克特将军提出了至关重要的问题："请告诉我们，国防军服从谁的命令，政府还是叛乱者？"泽克特透过单片眼镜冷冷地环视四周，然后答道："总统阁下，军队听我的。"

回到自己的司令部，泽克特打电报给慕尼黑的洛索要求立刻镇压叛乱，否则他将亲自动手，并不惜一切代价。如果说洛索之前还对自己应当怎么做有所迟疑，现在则全都解决了。他的军官们在市中心的通讯中心联系上了达泽尔上尉，达泽尔立即向远方的部队传达了粉碎纳粹政变的命令。不久，当塞瑟尔在自己的司令部里集合警察部队准备镇压叛乱时，卡尔也赶来与洛索会合。

此时，希特勒的冲锋队正在展示纳粹统治下的生活是什么样的。他们宣布设立人民法庭来审判国家的敌人；有罪判定的唯一判决是死刑，不得上诉。然后他们开始为这些法庭寻找受害者，在街头殴打并逮捕犹太人和社会主义者，破坏反对派报纸印刷厂，焚毁报纸，正如有一天他们会焚毁书籍一样。

几小时后，纳粹分子才意识到形势对自己不利。事后，希特勒因为没有夺取关键的电报、电话和铁路中心而受到指责。他没有制定这样的计划，因为他认为只要稍加刺激，当局就会迅速就范。整个长夜里，这种错觉一直存在，而三巨头的沉默早该让他意识到情况并非如此。渐渐地，当他和鲁登道夫坐在啤酒馆里和饥饿的冲锋队员们在一起时，真相开始浮现。在市中心的军队司令部里，罗姆发现自己已经被政府军的警戒线包围，大炮已经架起，设置在屋顶的机枪居高临下。冲锋队队员以前也是士兵，军队并不想向他们开火。然而罗姆的一个手下因紧张而放了一枪，于是机枪立即开火，两名叛乱者被击毙，政府军占得先手。

在贝格勃劳凯勒啤酒馆里，希特勒陷入了恐慌，几乎丧失了行动能力。到早晨，叛乱明显大势已去。据报道，国防军部队在奥格斯堡、纽伦堡、雷根斯堡镇压了亲希特勒的暴动。外来的军队装备着装甲车和迫击炮开进慕尼黑，控制关键区域。州警察则占领了把城市一分为二的伊萨尔河上的桥梁。

戈林建议他们撤退到他强烈支持纳粹的家乡——靠近奥地利边境的罗森海姆，在那儿他们可以重新集结并等待更好的时机。但鲁登道夫不同意，他吼道："我们要游行！"希特勒认为军队或警察可能会开枪。鲁登道夫瞪大眼睛说："向他们的老指挥官开枪？不可能。我们要游行！"

希特勒后来说，这样做是为了向民众展示自己，或者用他的话说，"到城市里把人民争取到我们这边来"。游行大约在中午开始，事实上，当纳粹分子走过时，热情的人群站在街道两旁，挥舞着纳粹旗帜向他们欢呼。当他们到达伊萨尔河东岸时遇到了第一次阻碍，塞瑟尔上校的州警察部队在那里列队阻止他们。鲁登道夫走在前面，希特勒和戈林紧随其后。当他们接近警察时，有人喊道："不要开枪，鲁登道夫和我们在一起。"警察们放下了枪，被纳粹分子制服，一切看起来很容易。

当游行队伍到达一个中心广场时，他们转来转去，不知道下一步何去何从。这时，又是鲁登道夫解决了问题，他转向被困的罗姆所在的军队司令部，打算去营救他的手下。

游行队伍跟着他转到了一条较窄的街道上，前方有另一群警察在等待。纳粹中的一名老兵发现这些人已经做好了行动的准备。队伍前进时，有更多的声音呼喊着鲁登道夫的名字，但这次不管用了。警察们将步枪横在胸前，以典型的人群管控队形向前移动，双方终于直接对峙。然后，事情发生了。一位警察中尉回忆说："突然，一个站在我左边半步的希特勒拥趸用手枪朝我的头开了一枪。子弹从我身边飞过，杀死了我身后的霍尔韦格中士。我还没来得及下令，我的人就开火了。"

纳粹阵中响起了回击的枪声。和希特勒挽臂而行的一个人被当场打死，他倒下时把希特勒带倒在地上。戈林的腹股沟受了重伤。一辆警用侦察车上的机枪开始扫射，纳粹分子中有经验的老兵们卧倒并拼命还击。持续了至少30秒的交火仿佛漫长到永远不会止歇。一名纳粹回忆起当时的情景说："到处都有人倒下，他们痛苦地在地上翻滚，死去或正在死去，而子弹仍在奔逃的人群中呼啸。死者被践踏，又把活着的人绊倒；灰色的道路上流满了鲜血。尖叫呼号声响彻天空，疯狂的交火还在继续。"

然后一切都结束了。在突如其来的寂静中，开始传来伤员的叫声。一个惊讶的目击者突然意识到所有能逃走的人都逃走了。14名纳粹已经死亡或即将死亡。受伤的人数则从未统计过，因为被击溃的叛军都消失了，藏起了他们的武器，扯掉了"卐"字臂章。三名警察被杀，其他人受伤。

据多数人的说法，鲁登道夫将军在枪响时就卧倒在地，现在，他毫发无伤地站起来，径直走进警察的防线，主动接受逮捕。希特勒没有被枪弹击中，但肩膀脱臼了，疼痛难忍，他此后的表现不太光彩。当枪声停息时，他第一个站起来，看都不看自己的同伴们一眼就向后逃走了。有人把他推上一辆黄色的欧宝汽车，然后就飞驰着离开了。

两天后，希特勒被捕。他感到自己的生命结束了，他的领导地位被毁了。但就在因叛国罪受审的前几周，他又振作了起来。当他走上一个同情他的法庭时，他把失败变成了一场蛊惑人心的胜利，他的名字传遍德国，事实上，是整个世界。他欣然承认自己发动了政变，并在愤怒、令人着迷的演讲中为此辩护。这些演讲从回答检察官的提问开始，持续数个小时，提出的观点在绝望的德国引起了共鸣。希特勒后来把 1923 年 11 月 9 日的挫折称为"也许是我一生中最大的幸运"。他还可以说："在那之前，我有 7 万或 8 万名支持者，而在那之后，我拥有了 200 万。"他象征性地在狱中待了 9 个月。在那儿，他被当作尊贵的客人来对待，高官显贵们纷纷到访探望。他在监狱里以口授的方式完成了自传《我的奋斗》，这本"圣书"将使他成为百万富翁，并绘就他的权力之路。

希特勒将在 10 年内获得成功。

在1924年"时代审判"的间隙，埃里希·鲁登道夫、希特勒和弗里德里希·韦伯正在私下交谈。后来，鲁登道夫被判无罪，希特勒和韦伯被判5年徒刑。9个月后，希特勒被释放，重新开始了他的运动。

一次不成熟的夺权

"你把这叫做什么样的革命啊?"保罗·格贝尔埋怨道。他是1923年11月9日早晨与其他身穿制服的暴徒一起被卡车运到慕尼黑支持希特勒的夺权行动的。他和其他的冲锋队同伙一样,也相信州警察和当地的军队会加入叛乱。可是当他乘坐的卡车隆隆地开过空旷的大街时,他已经不那么确信了。"有点儿不对劲。"他嘴里嘟囔着。

政变在前一天晚上就已经开始了。全副武装的纳粹暴徒们突袭了贝格勃劳凯勒啤酒馆,抓住了巴伐利亚最具实权的3位官员并宣布以希特勒和战争英雄鲁登道夫为首的新政府成立。但是在这3个人口头表示支持新政权后,鲁登道夫毫不怀疑地释放了他们。

这一举动立即使政变陷入了混乱:这3个人究竟会支持还是镇压叛乱?

上午,希特勒和政府都直接向人民发出了呼吁。当冲锋队员们匆忙穿行于慕尼黑中世纪的大街,挂出宣布革命的海报(小图)时,警方巡逻队则从一个报亭走到另一个报亭打出他们自己刚印制的标语牌,谴责政变是叛国罪。警察逮捕了一些冲锋队员,冲锋队也抓了一些警察。双方互相撕毁对方的招贴。后来,上班路上的市民们在潮湿的秋日空气中困惑地站在宣传栏和报亭前,对立双方的海报并排挂在上面。

尽管如此,许多慕尼黑市民仍然没有意识到政府和政变者之间的分歧。在纳粹分子的煽动下,保守派市民也加入了希特勒这些武装强盗们的行列。他们从贝格勃劳凯勒啤酒馆向慕尼黑市中心进发,跟随着红、白、黑三色的"卐"字旗。然而,在那里,警察和正规军用一阵乱枪坚决结束了混乱,血腥镇压了政变,同时也把阿道夫·希特勒抬举成了国际名人。

装备着"卐"字臂章、背包、步枪和钢盔的阿道夫·希特勒突击队的士兵们正从把他们运到慕尼黑的啤酒卡车上爬下来。几个小时前，希特勒散发了宣布新的革命政府成立的海报。

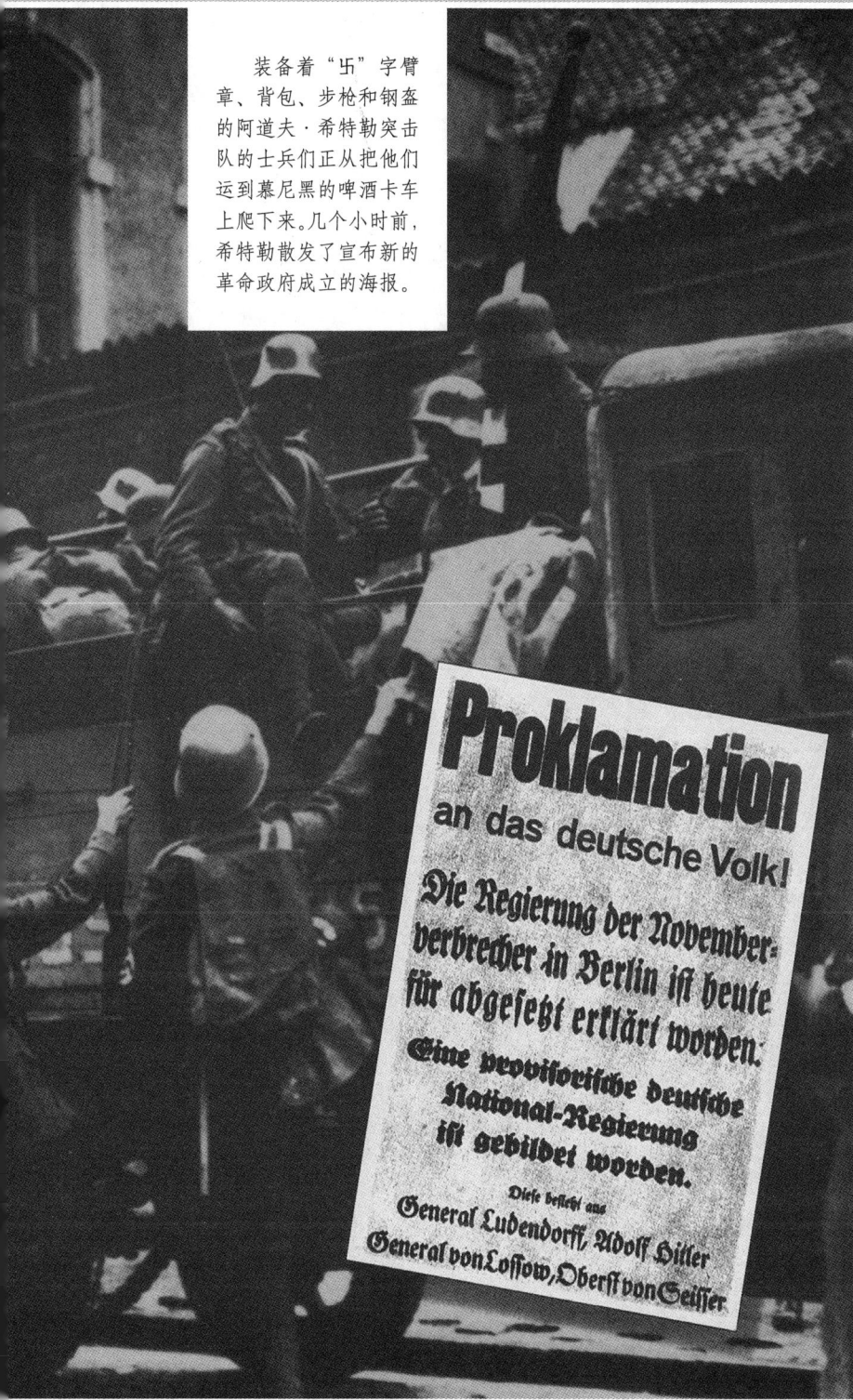

Proklamation

an das deutsche Volk!

Die Regierung der November-
verbrecher in Berlin ist heute
für abgesetzt erklärt worden.

Eine provisorische deutsche
National-Regierung
ist gebildet worden.

Diese besteht aus

General Ludendorff, Adolf Hitler
General von Lossow, Oberst von Seisser.

在一场湿漉漉的大雪中，希特勒的部队正从贝格勃劳凯勒啤酒馆向市中心进发。这位纳粹党的领袖希望沿途民众的支持能够说服军队不要开枪。不过他禁止手下挟持一名人质——慕尼黑市长、社会党人爱德华·施密德（左图中穿大衣者）。"我不想要任何殉道者"，他厉声说。

站在敞篷车座椅上的是纳粹党最卑鄙的演说家之一尤利乌斯·施特赖歇尔。他正在向慕尼黑市政厅前的人群发表演说。施特赖歇尔结束演讲时，人们为他欢呼，并高唱国歌。他们并没有觉察到当局正在城市周围部署军队和装甲车。

在开火击退了叛乱者后，手持长矛的巴伐利亚州骑警准备扫荡音乐厅广场，清除剩余的纳粹分子。他们的行动震惊了鲁登道夫，他本以为警察和军队会永远追随他。他说："巴伐利亚国防军会反对我们，除非天塌下来！"

政变过后，一辆装甲车停在有600多年历史的森德灵门前，吸引了路人警惕的目光。尽管国防军为拦截逃窜的纳粹分子做出了这样的努力，希特勒还是躲了过去，并在离慕尼黑35英里的一处乡间住宅里找到了藏身之所。

图书在版编目 (CIP) 数据

扭曲的梦想 / 美国时代生活编辑部编 ; 洪钧译 . ——
海口 : 海南出版社 , 2015.1（2022.9 重印）
（第三帝国）
书名原文 : The third reich:The twisted dream
ISBN 978-7-5443-5800-2

Ⅰ . ①扭… Ⅱ . ①美… ②洪… Ⅲ . ①德意志第三帝
国 - 史料 Ⅳ . ① K516.44

中国版本图书馆 CIP 数据核字 (2014) 第 271494 号

第三帝国：扭曲的梦想（修订本）
DISAN DIGUO: NIUQU DE MENGXIANG (XIUDING BEN)

作　　者：美国时代生活编辑部
译　　者：洪　钧
选题策划：李继勇
责任编辑：张　雪
责任印制：杨　程
印刷装订：北京兰星球彩色印刷有限公司
读者服务：唐雪飞
出版发行：海南出版社
总社地址：海口市金盘开发区建设三横路 2 号
邮　　编：570216
北京地址：北京市朝阳区黄厂路 3 号院 7 号楼 102 室
电　　话：0898-66812392　010-87336670
电子邮箱：hnbook@263.net
经　　销：全国新华书店经销
版　　次：2015 年 1 月第 1 版
印　　次：2022 年 9 月第 2 次印刷
开　　本：787mm×1092mm　　1/16
印　　张：15.75
字　　数：180 千
书　　号：ISBN 978-7-5443-5800-2
定　　价：45.00 元